マルチグラフト

人類学的感性を移植する

神本秀爾
岡本圭史
【編】

集広舎

装丁: design POOL（北里俊明・田中智子）

まえがき

本書は二〇一九年一月に出版された『ラウンド・アバウト――フィールドワークという交差点』の続編である。前作では、フィールドワーカーが異文化と出会う場を環状交差点（ラウンド・アバウト）になぞらえ、そこでの出会い、葛藤や悩み、喜び、そしてわからなさ、フィールドワーカー自身に起きる変化といったテーマについての二〇編のエッセイを紹介することができた。本書は、前作よりも、少しだけ踏み込んだ内容となっている。

本書では、最初に次のような問いを投げかけてみたい。それは、あなたにとって、他者のことを「わかる」とはどのようなことなのだろうか、というものである。すぐに思いつく答えは、「共感できる」とか「理解（了解）できる」などではないだろうか。本書は、どちらかと言えば、共感よりも理解（了解）の方の「わかる」を重視した内容になっている。

人類学のフィールドワークは、問いの立て方や着眼点、フィールドでの人間関係の作り方など、さまざまな点で、ある種の職人芸的な要素に満ちている。しかし、それでも彼らのあいだでは、フィールドに入るときの構え、目の前にある現象を把握し分析するときの方法、言い換えると、知識や経験知のようなものがある程度は共有されている。本書の副題の人類学的感性とは、たとえ一緒に時間を過ごしても理解しきれたと思えない他者を、その差異を含めて受け止めようとする、力強くも謙虚な姿勢に裏づけられている。わからなさこそが、他者の豊かさであり、人間の豊かさである。本書は、このような感性を少しでも多く、読者と共有することを目指している。本書が、個々の執筆者のフィールドでの具体的なエピソードを、人類学的な議論や理論とも結びつけながら紹介するのは、そのためである。

本書は、二一人の執筆者による、二一編のエッセイと二編のショートエッセイから成っている。エッセイの執筆者はいずれも人類学的研究にたずさわっている教員・研究員で、扱っている主題によって「集まる」「暮らす」「伝える」「信じる」「関わる」のパートに分けている。ショートエッセイは、かつて人類学的研究に従事し、現在は教育・研究以外の職に就いている二人によるものである。

最後に、聞き慣れない本書のタイトルについて少し説明をしておきたい。このマルチグラフト(multi-graft)とは、多品種接ぎを意味する園芸用語(multi-grafting)から着想を得た造語である。一般的に多品種接ぎとは、ベースとなる木々の幹や枝に別の植物を接いでいくもので、一本の木から咲く多品種の花を楽しんだり、果実を収穫したりするためにおこなう。このタイトルには、本書で紹介されるエピソードが、読者のみなさんの社会や世界についての「わかる」を豊かにするための枝となり、あらたな花を咲かせたり、実をつけたりできればという思いが込められている。

神本秀爾

マルチグラフト◉目次

第II部　暮らす　環境・災害・時間

第III部　伝える　教育・歴史・記録

イギリス
アメリカ合衆国
ノルウェー
スウェーデン
デンマーク
フィンランド
ポーランド
エストニア
リトアニア
ラトビア
ベラルーシ
ウクライナ
ロシア連邦
グルジア
トルコ
アルメニア
アゼルバイジャン
イラク
カザフスタン
ウズベキスタン
トルクメニスタン
キルギス
タジキスタン
モンゴル
朝鮮民主主義人民共和国
日本
大韓民国
イラン
アフガニスタン
中華人民共和国
パキスタン
アラブ首長国連邦
サウジアラビア
オマーン
ネパール
ブータン
インド
バングラディッシュ
台湾
マカオ
ミャンマー
ラオス
タイ
ベトナム
フィリピン
カンボジア
スリランカ
ブルネイ
マレーシア
モルジブ
シンガポール
インドネシア
東ティモール
オーストラリア

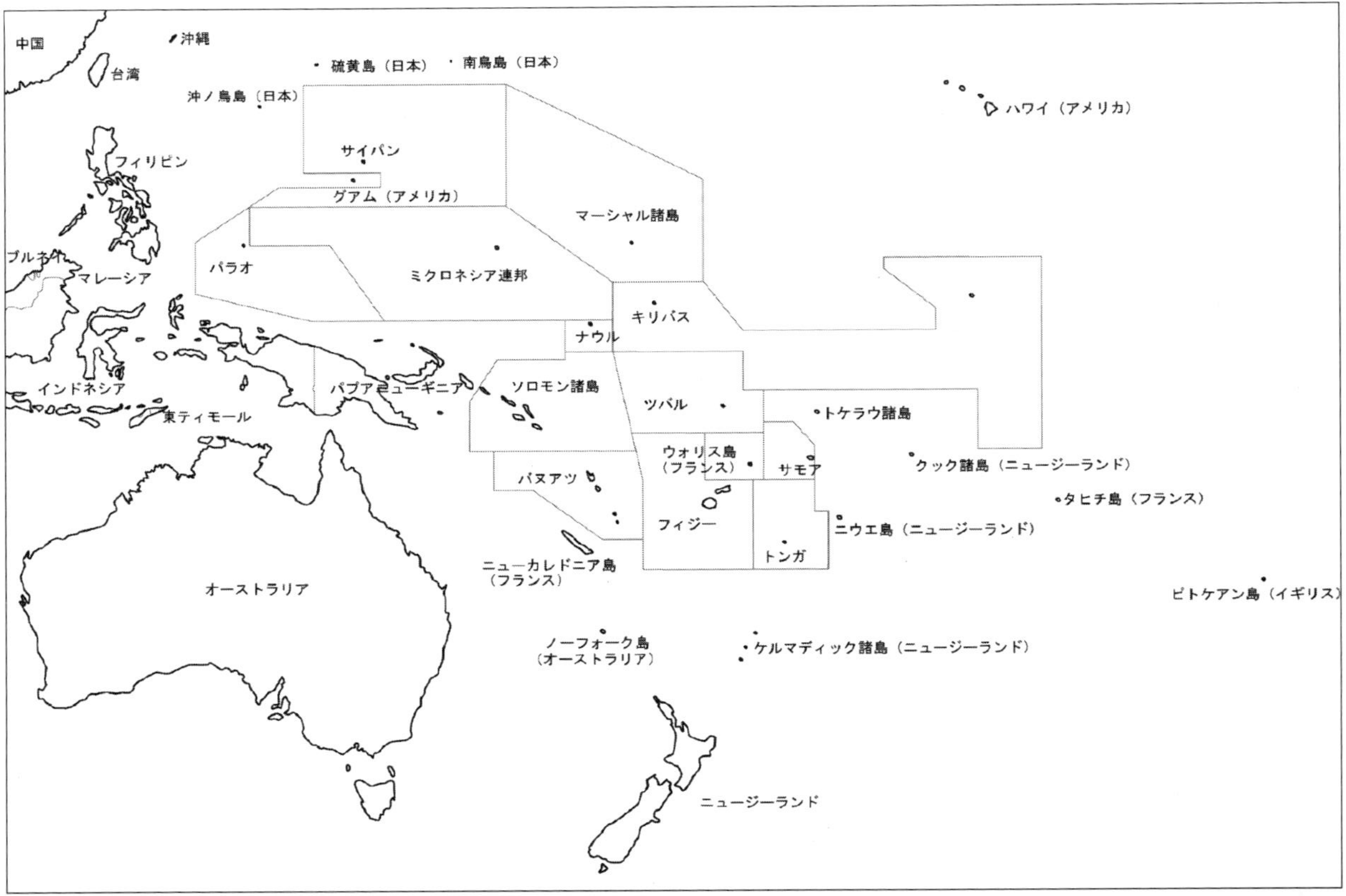
中国
沖縄
台湾
硫黄島（日本）
南鳥島（日本）
沖ノ鳥島（日本）
ハワイ（アメリカ）
サイパン
フィリピン
グアム（アメリカ）
マーシャル諸島
ブルネイ
マレーシア
パラオ
ミクロネシア連邦
キリバス
ナウル
インドネシア
パプアニューギニア
ソロモン諸島
ツバル
トケラウ諸島
東ティモール
ウォリス島
（フランス）
サモア
クック諸島（ニュージーランド）
バヌアツ
タヒチ島（フランス）
フィジー
ニウエ島（ニュージーランド）
トンガ
ニューカレドニア島
（フランス）
オーストラリア
ピトケアン島（イギリス）
ノーフォーク島
（オーストラリア）
ケルマディック諸島（ニュージーランド）
ニュージーランド

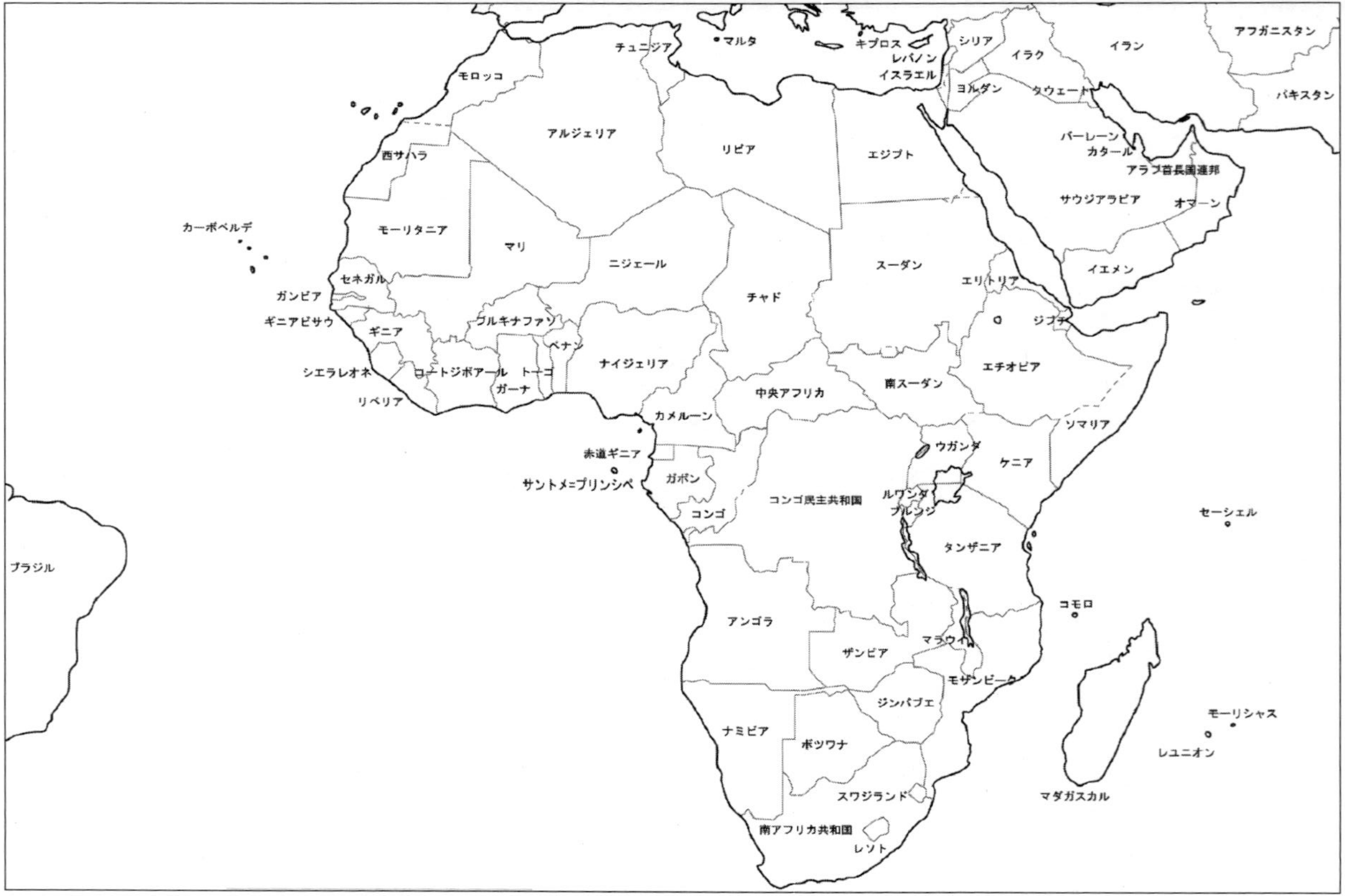
アフガニスタン
イラン
パキスタン
シリア
イラク
キプロス
レバノン
イスラエル
ヨルダン
クウェート
マルタ
チュニジア
モロッコ
アルジェリア
リビア
エジプト
バーレーン
カタール
アラブ首長国連邦
サウジアラビア
オマーン
イエメン
西サハラ
モーリタニア
マリ
ニジェール
チャド
スーダン
エリトリア
ジブチ
カーボベルデ
セネガル
ガンビア
ギニアビサウ
ギニア
ブルキナファソ
ベナン
ナイジェリア
シエラレオネ
コートジボアール
トーゴ
ガーナ
リベリア
中央アフリカ
南スーダン
エチオピア
ソマリア
カメルーン
赤道ギニア
サントメ=プリンシペ
ガボン
コンゴ
コンゴ民主共和国
ウガンダ
ケニア
ルワンダ
ブルンジ
タンザニア
セーシェル
ブラジル
アンゴラ
ザンビア
マラウイ
コモロ
モザンビーク
ジンバブエ
ナミビア
ボツワナ
モーリシャス
レユニオン
スワジランド
マダガスカル
南アフリカ共和国
レソト

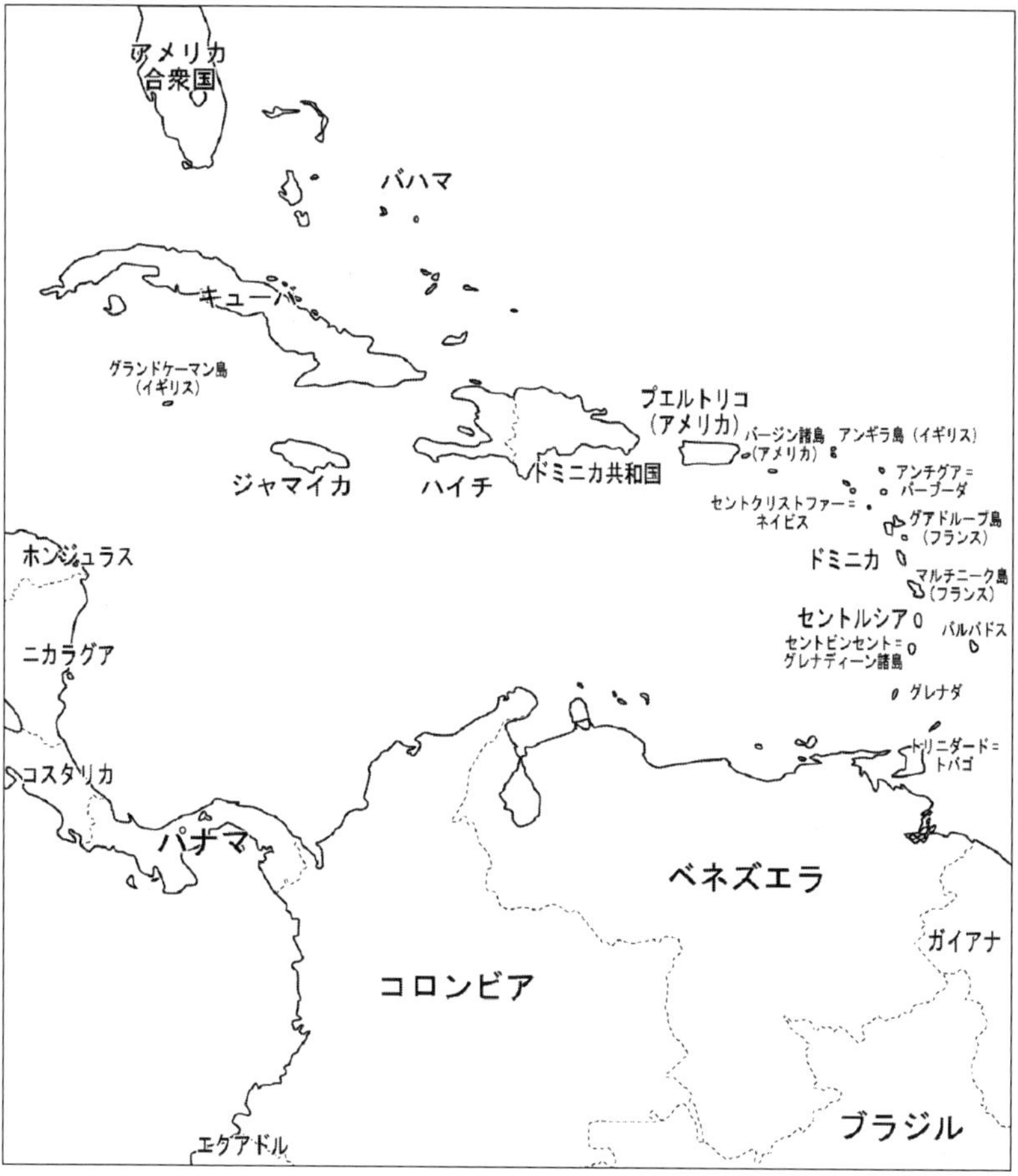

アメリカ合衆国
バハマ
キューバ
グランドケーマン島（イギリス）
プエルトリコ（アメリカ）
バージン諸島（アメリカ）
アンギラ島（イギリス）
アンチグア＝バーブーダ
セントクリストファー＝ネイビス
グアドループ島（フランス）
ドミニカ
マルチニーク島（フランス）
セントルシア
バルバドス
セントビンセント＝グレナディーン諸島
グレナダ
トリニダード＝トバゴ
ジャマイカ
ハイチ
ドミニカ共和国
ホンジュラス
ニカラグア
コスタリカ
パナマ
ベネズエラ
ガイアナ
コロンビア
ブラジル
エクアドル

第Ⅰ部

集まる

国家・アート・アイデンティティ

見える境界・見えない境界

食と身体感覚からみるエスニシティ

［ブラジル］

安井大輔

1　「民族」とエスニシティ

民族差別は悪いことだとわかっていても、街角で見かける自分と異なる肌の色や顔つき、または振る舞いが異なるようにみえる人びとについて、「あの人は白人」「あの人は中国人」などと、口には出さなくとも頭の中でなんとなく分類してみることはないだろうか。

歴史的に、「民族」は、差別、紛争、虐殺などとかかわってきた。その背景には、民族とは言語、宗教、衣食住の習慣など客観的要素に基づき、永続する本質的に異なる実体を共有する集団という理解があった。しかし現在の学問においては、民族は、状況に応じて構築された虚構と考えるのが通常の理解だ。これを踏まえて、学術的には民族や民族性に代わってエスニシティという言葉が用いられる。

そうした概念上の変化にともない、民族を描く方法も変わっていった。いまでは、特定の民族を固有の土地、言語、形質、出自をもつ集団として描くことは難しい。というのも、移民や多国籍の人を考えれば想像できるように、特徴と目される要素は個人にあっても複数存在し、集団の同定には限界がある。こうした現実理解を後押ししたのが、民族集団そのもの自体でなく、複数の民族集団の関係に目を転じて、その集団間の「境界」を描こうとする見方だった［バルト 一九九六］。

しかしこのエスニシティという名詞、ファッションやフードに付く修飾語エスニックに比べるとなじみがないのではないか。日本語環境では、大学の講義や研究の場以外で使われることはあまりないだろう。これは学術用語だからというのもあるが、一方で従来の民族（や人種）の概念が使われているからということである。つまり、社会のなかでは以前のまま固定的で不変の属性として考える見方が依然として強く流通しているのだ。

それゆえ、現代のエスニシティ研究には、国家政策やエリート知識人による言説の分析といった上からの視点によって民族の曖昧さや流動性を示すような研究に加えて、より日常的で一般的な、人々の中に生きる「民族」の継続性や恒常的な性質についても説明可能なアプローチが求められている。エスニシティは無数の諸個人が考え、語り、活動する過程の中で日々再生産されている。こういった日常的な民族境界が生成・変化・消滅を繰り返す再生産のメカニズムについて探求するため、私は沖縄から日本のほかの都道府県や世界各地に移住した人びとやその子孫である、沖縄移民とよばれる方々について調査をしてきた。このエッセイでは、フィールドでの事例を紹介しつつ民族にかかわる身体感覚を介した境界について考えてみたい。

2　世界についての見方としての境界

関西のある沖縄料理屋でインタビューをしていた時のことだ。店主のおじさんは客が沖縄出身かそうでないかによって、味付けを変えるのだという。しかし、何回も通っているなじみの客なら好みがわかるとしても、そうでない初めての客もいるだろう。何をもって判断するのだろうと思い「どこの人か聞くんですか」と尋ねると、「いや、話さなくても見分けがつく」とおじさんはさらりと答えた。「え、そうなんですか」と驚く私におじさんは説明をはじめた。「わかりますよ。ウチナーンチュ（沖縄出身者）は動き方が違うから。たとえば」とおじさんは、店のカウンターを指さした。そこにはプラスティック製のピッチャー（水差し）が置いてあった。「うちの店は水はセルフサービスなんで、自分で入れてもらうようにしています。で、ヤマトンチュ（日本人）はこれが置いてあるところ（カウンター）へ自分のコップをもって行く。けど、ウチナーンチュはこっち（ピッチャー）を自分の席に持っていくんですよ」。自信をもっておじさんは答えた。

当初、おじさんの話にやや違和感を持ったというのが正直なところだ。客の属性によって、そのような慣習的行為に違いがあるとは言えないだろう。どのような属性の人であろうと、ピッチャーをテーブルに持っていくことはあるのではないか。出身地域と振る舞いは関係ない。そう考えるのがとりあえずは教科書的な反応だ。しかし、その一方で、科学的事実で分析すること（だけで）は、十分ではない。人類学では同時に、フィールドで出会う人びとのものの見え方・考え方そのもの（そのなかには、ときに「正しくない」ものもあるだろう）を理解しようとする姿勢が求められる。

その意味で、重要なのはおじさん自身の認知だ。自らの店を訪れる人びとをそのように見ているということであり、フィールドワークで向き合うべきは、社会的世界の視界、分類の論理、認識の方法なのだ。ブルーベイカーが述べるように、「エスニシティは私たちの知覚・解釈・表象・分類・カテゴリー化・同一化の中で、またこれらを通じてのみ存在するのである。エスニシティは世界のなかの（…）事物ではなく世界についての（…）見方であり、存在論的現実ではなく、認識論的現実なのである」［ブルーベイカー 二〇一六：二五八］。こうした認知、感覚は言語以前に存在する、身体的なものと考えられる。このエピソードで私は他者の視点を少し覗かせてもらった気になり、見えていなかった境界を意識させられることとなった。そして特に身体化された領域において境界を形成したり維持させたりしているメカニズムに関心を持つようになった。

3　カンポグランデのSobá

ブラジルは日本から多くの人々が移住した国だが、日系人（日本人移民とその子孫）のなかで沖縄出身者の占める割合が高い。ブラジル国内で沖縄にルーツのある人々が多数暮らしていることで知られる町が、カンポグランデ（Campo Grande）である。ボリビアやパラグアイとも接するマットグロッソ・ド・スル州の州都であり、ポルトガル語で「大きな野原・田舎」を意味するこの町は、サンパウロから内陸方向の西北西に九〇〇キロほど入った位置にある農牧地帯の中の都市だ。二〇世紀になってから世界各国からの移民たちによって開発された町であり、同市でもドイツ、スペイン、イタリア、ポルトガル、シリア、レバノン、トルコ、アルメニアなど世界各地からの移民とその子孫が暮らしている。

一九〇八年から日本政府によるブラジルへの移民が始まったが、初期移民は低賃金の長時間労働を強いられ、よりよい職を求めて移動を繰り返した者も多かった。ブラジル奥地の国防と開発を目的に一九〇四年に起工されたノロエステ鉄道の敷設は、高温多湿のジャングルを切り開く難工事で、マラリアで倒れる者も多い過酷な労働だったが、高賃金であったため多くの移民が参入した。

敷設工事のために現地で働いていた日本人移民の多くが沖縄県出身者であり、一九一四年に鉄道が開通した後、彼らの一部が同地に定住するようになった。彼らは出身地域ごとにコロニア（植民地）と呼ばれるコミュニティを建設し、野菜栽培や養豚、コーヒー園、酒造などをはじめ生活基盤を築いていった。一九二〇年に日本人会、一九二六年に球陽協会（現在のブラジル沖縄県人会）が結成された。

鉄道完成後、町も交通の要所として発展し、銀行や工場などができ、移民の世代が進むにつれ公務員や会社員として働く者もあらわれた。第二次世界大戦時に、日本からブラジルへの移動は途絶えたが、戦後に復活する。とくに沖縄から血縁や地縁を介して人が呼び寄せられるようになり、またブラジルの他地域やボリビアなどからも転住する人が定着していった。こうしてカンポグランデは沖縄出身者が多く暮らす地域となった［『カンポ・グランデ日系コロニアの歩み』刊行委員会編 二〇〇五］。

そんな町の特産品が、Sobá と称される料理だ。これは沖縄出身者たちが持ち込んだ沖縄ソバがローカルフードとして独自の発展を遂げたものである。なお沖縄ソバとは蕎麦粉ではなく小麦粉を使用し、麺はかんすい（アルカリ塩水溶液）または灰汁を加えて打たれる麺である。製麺は中華麺と似ているが、中華麺よりやや太めの麺や薄い出汁を用いるというように、うどんに類似する部分もある。

カンポグランデの Sobá は、もともとは鉄道建設後に定着した人びとが家庭内で消費していたものである。悪天候で農作業不能な日や誕生日の祝いの席などで麺を作り、庭で放し飼いにしている鶏のスープで好みの味を作り、隣近所を招待して故郷の味を楽しんでいた。一九五〇年代から六〇年代にかけて、移民たちが自作の農産物を販売する産業組合やフェイラ（露店市場）でソバを提供する屋台があったという。

当時、戦後移住者の多くは経済的に困窮し生活は不安定だった。フェイラはそのような人々にとって情報交換の場所として機能した。人々は野菜を売りさばいた後、店で故郷の料理を味わいながら、仕事の情報などを交換し合ったのである。のちに、移民たちの町への進出とともに、自営手段として店を始めるものが現れ、店舗数もだんだんと増えていった。

現在同市には、Sobá を提供するソバリアという専門店が数十店あり、また多数のソバリアがフェイラ・セントラル（中央市場）に集約されている。ここは照明のついたアーケードの下に、組立式の陳列台に野菜・果物、菓子、手工芸品、土産物を並べた店が揃う場所である。毎週水曜と土曜の夕方から明け方まで店が開かれ大勢の市民や観光客でにぎわう。なかでもひときわ目立つのがソバリアであり、三〇軒を超す店がずらりと並んでいる。多くの店の名に Barraca（屋台）という言葉が含まれ、元々屋台で販売していた名残りを伝えているが、フェイラの敷地を各店で区切って使用しているため、店の外観だけ見ると屋台というよりはフードコート的な空間として機能しているといえる。フェイラの出入り口には器に入った麺が箸で持ち上げられている状態を模した巨大なモニュメントがあり、ここが何よりも麺を食する場所であることを示している。

Sobá のモニュメント

麺とスープに、刻んだネギと錦糸卵（薄焼き卵を細く切ったもの)、そして肉を載せたものがよく見られる料理としての Sobá だ。スープは牛肉や豚肉を煮込んだものが使われ、日本で食べられる沖縄ソバのようにカツオや昆布を用いた出汁が用いられることはあまりない。テーブルには醤油が置いてあり、好みの量をかけて食べる。薬味にショウガを入れる場合もある。中東地域出身のイスラム教徒の住民客も多く、豚肉を食べない彼らのために牛と鶏だけで作られた Sobá をメニューに提供している店もある。

カンポグランデの Sobá

二〇〇六年七月には Sobá は市の文化遺産に登録され、以降毎年八月に Sobá フェスティバルが開催されている。フェスティバルはカンポグランデ内外の多くの住民や観光客を集めており、Sobá を中心とした地域振興がはかられているのがわかる。

4　Sobá と境界

かつて沖縄移民によってのみ消費されていた時期の露店は、カーテンで覆われていた。それは外部から見えないようにするためで、客たちは隠れるようにして食べていたという［「カンポグランデ日系コロニアの歩み」刊行委員会編 二〇〇五：一五六―一五七］。日本では麺類は音を立ててすするのが普通だが、西洋では食事中に音を出す行為はマナー違反とされる。フォークで静かに食べるのが適切な場で、箸を使って音を立ててすするのが異様に思われたからだといわれている。「伝承的かつ有効な身体の使い方において反復されるパターン」を身体技法といい、人類学では長く関心を持たれてきたテーマであるが、これはさまざまな人間の集まりに共有され伝承されるものであり、民族の指標ともされてきた。身体技法の典型として食事作法がある。作法の違いは、沖縄移民たちとそれ以外の人々の違いを意識化させ、それが物理的な形式で現れたものがカーテンだったといえる。この時点では境界は可視的な形で存在していたといえる。

ところが、このカーテンが逆に地元の人の好奇心をかきたて「日本人たちがおいしいものを隠れて食べている」という噂が広がったという。カーテンを越えて多くの客が店を訪れるようになった。結果、この料理は他の住民にも急速に広がり、一九八〇年代には町全体の住民のものとなったとされている。これは移民が地域に参加していく過程と重ねられる。この時期は郊外で離れて暮らしていた沖縄移民たちが、市街地へ移住し都市住民となっていった時代でもあった。いわば移民の家庭の味だったソバから地域の多文化を象徴するSobáへと変わっていったわけだが、その移り変わりには、いずれは帰郷するつもりだった移民から多民族都市カンポグランデの市民へと、集団の位置づけの変化が反映されているとも読めるのだ。

現在のソバリアのテーブルには、割りばしとフォークが置いてあり、客は好きな方を用いる。私が日本から来たと知って、「日本では音を立てて食べるのがかっこいいのだよね」と言って、ズズッとすすって食べる姿を見せてくれた白人客もいた。かつては隠すべきとされた食事作法が今では受け入れられるものへと変化したといえるのかもしれない。しかし、そのことは必ずしも境界が消滅したことを意味してはいない。フェイラ・セントラルで長く店を営む沖縄移民一世の店主は、割箸を取るかフォークを取るかで客の属性を見分けるという。一見アジア系に見えたとしても、三世・四世は箸を使えないことが多く、逆に非アジア系に見えても箸を使っている場合は、日本語やウチナーグチ（沖縄方言）で話しかけてみることもあるという。

私も日本からの観光客がSobáを食べる姿は何度も見かけてきたし、現在も「カンポグランデ」とカタカナで検索すると、この料理の来歴に感動し味を伝えるレポート記事が頻出する。しかし、一方で、現地のソバリアでは、日本や沖縄について、またそれらの境界を意識化する機会は多くはない。そもそも、この料理が広がる時期、麺類自体を食べる習慣のあまりなかった人びとに食べ方について説明する際、「スープの多いマカロン（パスタ）」として宣伝され、フォークを付けるようになった。むしろ、パスタ以外の麺料理すべてがSobáと呼ばれているような状況があり、総じて日本や沖縄のルーツをもたない、もしくはあったとしても意識的ではない人々にとっては、アジア由来の料理といった大まかなイメージでとらえられている。

また沖縄ソバは出汁を使うのに対して、Sobáに用いることはほぼない。こうした違いを、日本のテレビ局が面白い違いとして取り上げたことがあった。放映されたテレビ番組を見た店主や客から、自分たちの食文化がからかわれたように感じると言われた。オリジナルからの逸脱とすることへの異議であったのだが、それを聞いたとき、テレビ局と同じような比較の視点で見ていた自分にハッとさせられた。私自身、自分のなかで境界を設けていたのではないか……。Sobá は、沖縄にルーツを持つ料理であることは認めつつ、沖縄、日本、アジアといった象徴的境界を含みつつも、今は地域のローカルフードでありカンポグランデの味なのだ。

5　食からみる境界

食の場面を手がかりに身体・意識の領域におけるエスニックな境界についてみてきた。日本でもエスニックフード・ブームが続いており、お金さえあれば世界中の料理が食べられる。外国料理を作ったり食べてみるツアーなど食を通じた異文化理解イベントが企画されることも多い。たしかに異国の未知の料理に挑戦することは異文化に触れる一助にはなるだろう。けれどもそれはあくまで初めの一歩だとも思う。目に見える食べものだけでなく、目に見えない感覚、認識の領域にまで触れてこそ、食を通じての異文化理解ではないだろうか。口の中の味覚を他人と共有することは難しい、しかし食べている人がどのような気持ちでいるのか、どう思っているのかに迫ることは可能だ。グルメ情報を追いかけるだけでなく、その食が作られている現場に一歩踏み出すことで広がる世界もあるはずだ。

移民の食は、境界線がないと示しながら、境界線と向き合い、文化と向き合い、作り上げられたものだ。食べ物に境界はない。よく言われることだ。たしかに食は人々の隔たりを超える。しかし同時にいたるところで境界は生まれ、ときに向き合わされる。食べるという身近な行為だからこそ、差異が認識され、時に強調される。目に見える料理の背後にはさまざまな力が入り混じっている。境界が顕現されることもあれば、あるように感じていた境界は自身の思い込みにすぎなかったということもある。こうした世界の見え方（の違い）の理解、そして自分自身の視点（の問い直し）は、フィールドに身を置いてこそのことだ。どこでも誰でもしているような食べる行為の多様性について、人類学は多くの知見を積み重ねてきた。もし今後も人類学が現代社会に対して資することがあるとするならば、それはやはり一見共有不可能な舌の感覚にまで接近しうるような、自身とは異なる他者への想像力をはぐくむことにあるのではないだろうか。

❖参照文献

「カンポ・グランデ日系コロニアの歩み」刊行委員会編　二〇〇五『カンポ・グランデ日系コロニアの歩み』カンポ・グランデ日伯体育文化協会。

バルト、フレドリック　一九九六「エスニック集団の境界」『「エスニック」とは何か――エスニシティ基本論文選』青柳まち子（編）、二三―七一頁、新泉社。

ブルーベイカー、ロジャーズ　二〇一六「認知としてのエスニシティ」『グローバル化する世界と「帰属の政治」――移民・シティズンシップ・国民国家』佐藤成基・髙橋誠一・岩城邦義・吉田公記（編訳）、二三五―二八七頁、明石書店。

難民として生きる

国籍との抜き差しならぬ関係

【インド・ネパール】

山本達也

今日、「難民」という言葉が各種メディアで頻繁に取り上げられている。自ら身の危険を侵し、安全な住処を求める人びとの姿は、時に衝撃的なイメージとともに私たちの日常に飛び込んでくる。これまで難民を研究対象としてきた文化人類学的研究は、難民を近代国民国家の秩序から見た際に「国民＝正常、難民＝異常」であると私たちに捉えさせる「ものごとの国民的秩序」(Malkki 1995) に批判的に介入し、この秩序の中での人道支援の功罪や難民が作り上げようとしている生活空間について描いてきた（たとえばAgier 2011、久保 二〇一三など）。本稿は、これらの難民に関する議論を敷衍した上で、インドおよびネパールに暮らすチベット難民に着目し、「ものごとの国民的秩序」の中でホスト国の国籍を確保しながらも難民であろうとする人びとの実践について記述していきたい。

1　離散後六〇年目を生きるチベット難民

チベット難民とは、一九五九年、ダライ・ラマ一四世のインド亡命を追って、チベットを離れ他国に避難した人びとを第一世代とする人びとを指す。二〇〇九年におこなわれた国勢調査によれば、一二万七九三五名のチベット難民が世界に暮らし、そのうちの大部分がインドやネパールに暮らしている。彼らは自分たちをチベット難民（Tibetan refugee, bod kyi skyabs, byor ba）と今日に至るまで自称してきた。

こうしたチベット難民を統《す》べてきたのが、ダライ・ラマが中心となってきたインドのダラムサラに設立された中央チベット政権（通称チベット亡命政府。以下、亡命政府）である。ホスト国であるインドやネパールは国連難民憲章に批准していないため、両国に暮らすチベット人に対し法的な「難民」という地位を認めず、「外国人」として扱っている一方で、亡命政府が主張するチベット難民という呼称の有効性を事実上認めている。亡命政府は、チベット難民にとっての憲法である亡命チベット人憲章に則り、チベット難民に独自に「国籍」を付与し、チベット難民というカテゴリーを実体化してきた。インド政府、そしてより低い程度でネパール政府と連携しながら、亡命政府はチベット難民に焦点化したカリキュラムを備えた学校の運営や奨学金の提供、高齢者のための施設の整備などの福利厚生を提供し、人びとの生活を支えてきたのである。

チベット難民とインド人が共に暮らしているダラムサラのバス停

一九五九年以降、自分たちの団結を維持するために中国侵略以前のチベット文化の保存を至上命題とし、さまざまな活動を亡命政府は展開してきた。その中でも特に重視してきたのが、インドとネパールへの同化の忌避である。

私が初めてインドに長期滞在した二〇〇三年、亡命政府や難民第一世代はもちろんのこと、常日頃インド映画音楽を歌い踊っていた難民二世や三世の友人たちですらインド人やネパール人と結婚するチベット難民について否定的な発言をし、現地化、同化は意識的に避けられていた。

こうした状況下で、外国人としての法的地位がゆえに、ホスト国の国籍保有者であれば得ることのできた権利を放棄せざるを得ず、インドに滞在する権利を定期的に更新するために外国人登録事務所に出向き、その度に不愉快な思いをしたことを全ての友人は延々とぼやいていたものである。

このような体験をした上で「チベット難民」という呼称を当たり前に使う友人たちを見ていた私としては、政治家を含めた一部の経済的に豊かなチベット難民がインド国籍をさまざまな手段を用いて取得しているのを知ってはいたものの、現地との同化を端的に示すインド国籍の取得を多くのチベット難民が選ばないだろう、と考えていた。同様の理解は他の人類学者にも共有されており、たとえばキャロル・マックグラナハンは、当時の私の理解よりももう少し一面的かつ価値判断を孕んだ言い方で、「亡命政府の指導のもと、チベットの宗主権を主張し、インドおよびネパール政府に対し政治的な平等や独立を主張するためにチベット人は南アジアにおいて国籍を拒否してきたのである」（McGranahan 2018：367）や、「一九五九年以降、チベット人はインドやネパールにおける国籍取得の拒否として自分たちの難民としての地位をみんなで枠付けたのだが、それはチベットに対する現在も続く政治的関与を示すものである」（McGranahan 2018：376）などと二〇一八年時点でも語っている。

2 難民からホスト国の国民へ？

しかしながら、人類学者側の思いこみに基づいたこのような現実理解の正当性が問われる出来事が二〇一〇年一二月に生じた。インド国籍を求めてインド政府を提訴した二〇代のチベット人女性ナムギャル・ドルカーに対し、デリー高等裁判所はインド市民権法に則り、一九八七年七月一日までにインドに生まれたチベット難民に対しインド国籍を与える判決を下したのである。これ以降、チベット仏教の活仏リン・リンポチェ七世を始め、チベット難民若年層がインド政府を相手取り、国籍を求める訴訟を次々に起こすこととなった。

インド政府がチベット難民に合法的に国籍を提供するというニュースを受けて、インド国籍取得を潜在的に願っていた（ということが後日判明した）私の友人たちも含めた人びとは沸きたち、さまざまな議論が交わされた（Yamamoto 2019）。亡命政府はチベット難民のインド国籍取得に対して中立を明言している一方、国籍取得者はチベット難民としての地位に依拠して提供されていた福利厚生などの諸権利を提供しない旨を明言している点で、国籍取得に対して否定的な態度を取っているといえる。また、著名な活動家テンジン・ツンドゥは「インド国籍を取得するということで、亡命の目的そのものが失われることになる」と語り、また、チベット難民コミュニティの中でも同様の疑念が強い形で抱かれていることが指摘されている（Yeshi Choedon 2018）。

国籍取得をめぐる議論で否定的な態度を取るアクターに共通するのは、チベット難民のインド国籍取得問題をチベット難民の団結の喪失やチベット問題に対する働きかけの低下とイコール関係として理解する見方である。批判者にとって、国籍取得とは難民としての「法的」地位を放棄することであるとともに、チベット難民としてのアイデンティティをも放棄することとして理解されているのである。そうであるがゆえに、批判者は国籍取得（希望）者に対して批判的な言辞を浴びせ、国籍取得を思いとどまらせようとする。テンジン・ツンドゥの「インドの選挙に参加する必要がどこにある？　私たちがインドに来たのは腰を下ろして暮らしていくためではない。私たちが望んでいるのは、自分たちの国に帰ることである」という発言は、その最たる例だろう。このように、国籍取得が現地への同化であるかのように想定する批判者たちは、チベット難民の団結を損なうものであるとしてホスト国の国籍を得ようとする動きに対し非難するのである。

3　国籍取得の理屈

しかしながら、国籍を取得した人びとやこれから国籍を取得しようとする人びとは、批判者が想定するのとは違った枠組みで国籍取得を捉えている。たとえば、ネパールで活動する歌手のチョダクは、ネパール国籍を取得することに対して「国籍を取ったからといってチベット人であることをやめるわけじゃない」と語り、インドに暮らし、数々のイベントを立ち上げてきたロブサン・ワンギャルも「インド国籍を取ったからといって、自分がどこからきたか、どこに属しているか、自分にはわかっている」と語っている。また、ネパールで暮らしインド国籍を取得しているテンダルは、「国籍を取得したいのは、みんな自分たちを取り巻く不安定な生活を安定したものにしたいからであって、チベット問題やチベット人であることとそれは全く関係ない」と主張する。彼らにとって、国籍を取得してインド人やネパール人になることとチベット問題やチベット人であることとは別問題であり、あくまで生活の手段として国籍取得は捉えられている。

現在、チベット難民社会において、就職難や失業が大きな問題となっている。亡命政府機関の調査によれば、二〇〇九年時点でインド在住チベット難民の失業率は一七％にも上っている。その一方で、若者たちの高学歴化は進み、亡命政府や関係機関での就職競争は熾烈を極めている。さらに、インドやネパールでのチベット難民の地位は前述の通り「外国人」であるため、両国の公職や大学教員、あるいは医療関係の雇用は制限され、また一部企業も雇用に対して消極的な姿勢を見せている。チベット難民の若者たちは、人数でいえば圧倒的な開きのあるインド国籍を有する新卒の人びとと苛烈な就職レースに飛び込むこととなり、結果的に職を得ることのできない人びとを生んでいるのが現状である。前述のナムギャル・ドルカーの訴訟も、彼女がチベット難民であるがゆえに大学教員としての雇用を拒否されたことが理由であり、インド国籍を獲得するために訴訟を起こすチベット難民の若者たちは、就職で彼らが被る不利な状況を国籍取得によって解消しようと試みているのである。このように見れば、インド在住チベット難民のインド国籍取得への働きかけは、経済的な要因が後押ししていることになる。

ネパールに暮らすチベット難民にとっても失業や経済的な状況は大きな要因であるが、政治的な要因が彼らの国籍取得を後押ししている。ギャネンドラが国王としてネパールを統治していた当時から、ネパール政府と中国政府は良好な関係を築いてきたが、近年、圧倒的な経済力を背景に、中国政府はネパールに対して道路や鉄道の建設などの開発援助を通じてさまざまな形で介入している。こうした状況に比例して、チベット難民に対するネパール政府の締めつけは年々厳しいものとなっている。たとえば、政治的な集会を催すことは当然のごとく禁止され、ダライ・ラマの誕生日の祝賀イベントなど一見政治色を欠いたイベントすらチベット難民は催行できないのである。「チベットに暮らす人たちに比べたら、難民の自分たちは人権や政治活動の自由が認められているから幸せだ」とインドに暮らすチベット難民が語っているのを耳にすることがあるが、ネパールに暮らすチベット難民を取り巻く状況に対してはそうした理解は通用しない。インド政府と異なって、ネパール政府はチベット難民に多くの権利を認めず、彼らの弾圧に対して躊躇がない。そのため、ネパールに暮らすチベット難民の友人は皆一様にネパール政府への不信感を口にする。また、亡命政府はネパールのカトマンズに事務所を構えてはいるものの、インドでの活動に比してその実効性は極めて乏しく、人びとは亡命政府の支援をあてにしていない。このような状況下で、自らの生活を少しでも安定したものとするために、彼らは自己防衛として国籍取得へと向かうことになるのである。ネパールに暮らす彼らには訴訟を通じた国籍取得は現実的な選択肢ではなく、あの手この手を使って国籍を獲得することになる。

国籍取得はあくまで生存のための手段であることを明確に示しているのが、ネパールに暮らしながらもネパール国籍ではなくインド国籍を選択するチベット難民の存在である。インド総選挙が開催された二〇一九年、インド国籍を有するネパール在住のチベット難民たちが国境を越え、自らが割り当てられているインド各地の投票所へと向かっていった。彼らにとって、インド総選挙に対する政治的な関心や誰に投票するかということは最重要項目ではない。ある友人は「選挙権を行使しないと、ネパールに暮らすインド国籍取得者は国籍を取り消されるかもしれないので選挙に行く」と私に話していたし、仕方なく仕事を休んでインドに向かった他の友人も同じことを語っていた。このように、投票を通して彼らが行使したのは紛れもなくインド国民としての権利であるが、彼らにとってこの権利はむしろ自分の身の安全を確保するための義務として経験されている。他方で、彼らの感じる義務は民主主義における権利と義務の関係であるというよりむしろ、国民でありつづけるために果たさなければならない義務であり、その義務の履行は、所属する国家への忠誠を必ずしも意味していない。

4　難民であり国民であること

インドやネパールの国籍を取得したチベット難民の友人たちが一様に語るのは、彼らは国籍取得先の国民であるとともにチベット難民でもある、ということだ。現在、インドは二重国籍の承認を求めて議会に議案が提出されているが、現状インドもネパールも二重国籍を認めていない。一部の研究者に時に理想化されている亡命政府も、国籍については結局のところ近代国民国家の枠組みを反復しており、（欧米の国籍を取得することは奨励しているとはいえ）原則的には二重国籍を認めず、国籍の取得＝チベット難民の地位の放棄を強調している。この点において、国籍を取得したチベット難民たちの「国民であるとともに難民でもある」という主張は、国民と非国民の外縁を定める「ものごとの国民的秩序」を自明とするホスト国政府と亡命政府双方の主張にフィットしていない。彼らの主張は、一人の人間が自国内で国民の地位と亡命政府が承認する難民の地位を同時に主張するという、彼らの暮らしている近代国民国家を支える法的論理をはみ出すものである。しかしながら、両政府の主張からはみ出しながらも、投票等の一部の「義務」を履行することで彼らは生きることができているのであり、その点において、彼らは必要に応じて国民と難民の両カテゴリー間を行き来することで「国民であるとともに難民でもある」状態を生きているのである。

難民として生きてきた彼らが身を以て実践する生存のための試行錯誤は、「ものごとの国民的秩序」に押しこめられることのない人間の力の一端である。難民に対して人類学的に接することとは、彼らを弱者に仕立てあげることでも国民国家を超える存在として理想化するのでもない、彼らの生きる現実に即した記述と、そこから得られる別の生き方をともに思考することなのだ。

❖参照文献

久保忠行　二〇一四『難民の人類学——タイ・ビルマ国境のカレンニー難民の移動と定住』清水弘文堂書房。

Agier, M.　2011 *Managing the Undesirables: Refugee Camps and Humanitarian Government*. Polity.

Malkki, L　1995 *Purity and Exile: Violence, Memory and National Cosmology among Hutu Refugee in Tanzania*. University of California Press.

McGranahan, C. 2018 Refusal as Political Practice: Citizenship, Sovereignty and Tibetan refugee Status. American Ethnologist 45 (3) : 367-379.

Yamamoto Tatsuya 2019 Citizenship In-between: a Case Study of Tibetan Refugees in India. In *Law and Democracy in Contemporary India: Constitution, Contact Zone and Performing Rights*. Tatsuya Yamamoto and Ueda Tomoaki (eds.), pp 85-112. Palgrave MacMillan.

Yeshi Choedon 2018 "The Uninted Consequence of India's Policy on Citizenship for Tibetan refugees". Institute for Defense Studies and Analyses, February 12 2018.

社会を反映しない歌　ある女性と歌と周辺性について

【台湾】

田本はる菜

二〇一二年の暮れ、台湾中部に位置する山あいの小さな集落は、いつになく大勢の人でごった返していた。半世紀以上の断絶を経て復活したばかりの、先住民セデック（seediq）の豊年祭を見に集まった人々だった。フィールドワークのため、半年ほど前から集落に寝泊りしていたわたしも、人ごみをかき分けて見知った顔を探した。広場の中央ではすでに、赤、白、紺を基調とする民族衣装に身を包んだ男女が、輪になって踊り始めていた。

「踊りの歌（uyas kumeki）」と呼ばれるこの演目は、いまやセデックの歌と踊りの中で、もっともポピュラーなものといってよい。二〇一三年にこれは、台湾の「文化資産」にも登録された。この伝統歌舞が、セデックの豊年祭にとって、そしてセデックという人々を知るにあたって欠かせないことは、誰もが認めるところだろう。しかし、実はわたしがここで取り上げようとするのは、重要だと思われてきたこの演目ではない。ここで書きたいのは、セデックを代表する歌とは違う、おそらく代表になることがないような歌のことである。

1　社会を反映する、歌

台湾の先住民――台湾での正式名称は「原住民（族）」である――は、現在総人口の約二%を占める、オーストロネシア語族系の先住集団である。かれらが公に求めた「原住民」の呼称が浸透するのは一九九〇年代に入ってからだが、かれらの存在に関心が向けられるようになったのは、決して最近のことではない。

台湾原住民に関する本格的な学術調査が始まったのは、一九世紀末からの日本の植民地統治下のことである。以来、研究者は原住民の人々を、居住する地域や社会的特徴からいくつかのグループに分けてきた。たとえば、貴族と平民からなる階層制をもつ南部のパイワン、父系氏族制をもつ中部のブヌン、母系制をもつ東部のアミ、などである。そのなかにあって、中部山地の河川流域を移動しながら暮らしてきたセデックは、明確な社会組織を見つけにくい人々だった。ただし、首狩りの習俗でも知られていたかれらは、狩猟採集民によくみられる、平等主義的な特徴をもつともいわれた。すなわちリーダーの座を自力で勝ち取る実力主義、そのチャンスを各人に平等に与える原則があることだった。そしてこうした社会の類型化は、原住民の音楽研究とも決して無関係ではなかった。

一九七三年に台湾で調査をした民族音楽学者、小泉文夫は、「社会構造と音楽構造の並行現象」

「踊りの歌」に合わせて踊る

に注目し、台湾原住民についてもたびたび言及してきた。かれは、各グループで異なる音楽の形式を、社会や生業の傾向と結びつけることを試み、たとえばブヌンのもつ高度な多声合唱を、かれらの集団的首狩りにみる団結の必要性から説明した［小泉 一九九四：二〇二］。小泉ほど極端でないにせよ、原住民の音楽がその社会の特徴を反映するという見方は、これまで幾度となく繰り返されてきた。

セデックの歌と踊りは、終戦間際の音楽調査によって、事実上はじめて他のグループから明確に区別された。そのさい独自の特徴とされたのが、「輪唱」という歌唱法だった［黒澤 一九七三］。歌い手が前後のパートに分かれ、数拍の間を空けて同じ旋律を模倣してうたうそれである。とりわけセデックの「踊りの歌」は、ひとりが旋律と足のステップをリードし、その他大勢がこれを反復してうたい踊る。これに一部の研究者は、セデックの社会と音楽との主要な接点を見出してきた。たとえば、実力で決まるセデックの社会的リーダーと同様、歌のリード役は決して固定されない。リード役の人物は、毎回周囲の信頼を得て束の間リーダーシップをとり、またすぐ別の者へと交代していく。「踊りの歌」とはいわば、セデックの人間関係と社会構造の「縮図」なのである［余 二〇〇四：二〇二］。「踊りの歌」が、今日セデックの代表的音楽であること、それが研究者の考える「セデック社会」を反映するものとみなされてきたことには、おそらく関係がある。わたしが問題にしたいのは、そのことが、社会を「反映しない」無数の歌からわたしたちを遠ざけてきたことだ。

そもそも、音楽を専門としないわたしがかれらの歌に興味をもったのは、集落でひとりの女性と出会ったからである。わたしが「お母さん」と呼ぶようになったその女性は、多くのセデックがすでに忘れてしまった、たくさんの歌を知っていた。だがわたしはこれまで、彼女がそうして大事にしてきた歌の多くについて、ほとんど書けないままでいた。なぜなら、それはわたしの前提でもあった「セデック社会」とは一見かかわりなく、自分のために、ひっそりとうたわれる歌だったからだ。

2　母の歌

オビン・ナウィは、わたしにとって「母」というより「祖母」の年齢に近い。まだ日本統治下だった一九三〇年代に生まれたオビンは、二度目の結婚で今の集落に来て、七人の子どもを産み、貧しさの中で子育てをしながら、夫とふたりで苦労して少しずつ畑を大きくしてきた。「わたしのエンピツは、鍬のエンピツ」と彼女が笑うように、日本時代に小学校を二年出ただけで、そのあとずっと手に握ってきたのは畑仕事の道具だった。そのためだったのか、知り合ってすぐは、聞きたいことがあれば自分よりも夫に聞くように、と言って遠慮した。だからわたしがオビンに身の上話をしてもらえるようになったのは、しばらくあとになってからのことだ。

オビンの自分語りによく出てきたのは、亡くなったお母さんのことだった。子どもを十三人も産んだ母は、下から二番目だったオビンを可愛がり、いつも自分のそばに置いた。オビンは機織りも、畑仕事も、歌も踊りも、いつも「お母さんのそばで」覚えてきたという。お母さんは死んだあとも、オビンにときどき会いにきた。数年前に彼女が心臓の病で入院したときには、毎晩のように心配そうな顔をしてベッドのそばにあらわれたという。同室の患者が、「ひとりで」喋っているオビンを気味悪がって部屋を移っていったというのは、今では笑い話だ。こうした母親の出てくるエピソードの中で、オビンがもっともよく口にしたのが、母のうたう悲しい歌のことだった。一緒に畑仕事をしているとき、母はふと同じ歌をうたい、涙を流していることがあったという。

粟の間引きしながら、お母さんが泣いていた。私は言ったよ、「これうたってどうして泣く?」(すると母は)「あんたは考えなくていい、あとであんたもわかる」と。

なぜ泣いているの? なにをうたっているの? と聞く娘に、母は「これは自分だけのものだから」と言って訳を教えてはくれなかった。でも年取った今なら、母の気持ちがわかる、とオビン

風呂焚きの合間もオビンが昔話をする時間

は言う。苦労して育てた子どものこと、辛いことがたくさんあった今までのことを思うとき、この歌をうたう。わたしにも一度聴かせてくれたことがあったが、オビンはこの歌をうたうといつも涙で詰まってしまうので、あまりうたわないのだとも言った。ここには、以前に録音されたオビンの歌を載せる［曾毓芬 二〇一一：四六―四八］。

わたしはたくさん産み育てた女／わたしの前にいる（子ども）／わたしはこう言う／苦労して育てた子どもたちよ／もうやめておくれ／わたしに負わせないでおくれ／そんな大きな重荷／苦労を重ねて育てた子どもたちよ／この母の前で／もうやめておくれ／……／棘が刺すように心が痛む／この母の前で／成長する子どもたちよ／そんなふうにわたしを虐げないで／そんなふうにわたしを打ち捨てないで／苦労した歳月のあとで／わたしの前にいる／おまえたちもわかるようになる／わたしのたどってきた人生／おまえたちもたどっていく／父や母になる／成長する子どもたちよ／おまえたちものちに話すだろう／母のたどった道（原語セデック語と中国語訳より訳出）

可愛いばかりだった子どもの心が変わっていくことを母親は悲しみ、彼女は自分を慰めるためにこの歌をうたう。かつては母だけのものだったこの悲しみは、まるで歌をつうじてオビンに入り込んだかのように、今ではオビンの悲しみになって涙を流させる。

別の日、わたしはオビンの歌詞を書きつけたノートを持って、少し離れた集落に住む、姪のハボを訪ねた。ハボはオビンが慕っていた長姉の娘だったが、結婚で住まいが離れてからは、しばらく行き来がなくなっていたようだった。わたしはノートを見ながら、オビンに聞いた「母の歌」を少しずつ読み上げた。彼女はときおり頷きながらそれを聞いていた。そして、「わたしのお母さんも同じ歌うたっていた」とポツリと言った。オビンの姉もまた、かつて母のそばで聴いていた歌を、自分も母になり、娘のハボのそばでうたっていたのだ。今では子どもが喧嘩する姿を見ると、この歌をうたうというハボは、オビンと同じように「わたし、あのお母さんの歌聴いて涙流すよ」と言った。

彼女たちの「母の歌」は、セデックが集団でうたう「踊りの歌」とは異質にみえる。かといってそれは、誰かひとりのものでもない。この「自分だけの」歌は、女性たちのあいだに、死者も含めたもうひとつの社会的つながりをつくっていた。

3　涙が出なくなる

二〇一三年一月、オビンにとって誇らしいひとつの出来事があった。それは、年配者として集落で指導してきた「踊りの歌」が、セデックの歌舞としては初めて、文化資産に登録されたことである。

その直接のきっかけは、二〇〇六年から政府補助でおこなわれた、セデックの伝統音楽調査だった。これにより、セデックについては初の、音楽学者による網羅的な録音調査がおこなわれ、二〇〇七年にはその成果をまとめたＤＶＤが発行された。さらに二〇一二年には、これと連続したＣＤ製作のための録音調査がおこなわれた。これらの調査において、オビンは主要な音源提供者でもあった。

こうしたなか、オビンたちの歌を高く評価した音楽学者のすすめにより、集落ではオビンを指導者に据えた団体設立の構想が持ち上がった。結果、これは二〇一二年に県政府への「技芸保存団体」登録という形で実現し、それによって同団体は、五年間にわたる「踊りの歌」の伝習計画の予算を得ることになった。セデックの「踊りの歌」——つまり「セデック族祭典舞踏歌（*uyas kumeki*）」が、同団体を保持者として文化資産に加えられたのは、そのさなかのことだった。

オビンは、専門家が自分たちの歌を価値あるものと認めたこと、それによって若い人たちが歌や踊りを意欲的に学び始めたことをとても喜んでいた。ただし彼女の語りからは、オビンがこの一連の出来事を、自分に生じたある変化としても経験していたことがわかる。それはすなわち、お母さんの歌を、涙を流さずに歌えるようになったことである。「母の歌」を録音したときのことを、彼女はこんなふうに話した。


(録音作業の) はじめ、お母さんの歌、半分もうたわないで涙流したよ。でも、うたってちょうだいと言うから。

——誰が?

録音する人たち。でもわたしも慣れて……うたえるようになった。


オビンを古歌の主要な歌い手とみなした研究者たちは、彼女のもとを何度も訪ねてきたという。そのたびにオビンは、自分が知っている限りの歌——もちろんお母さんの悲しい歌をも——録音や採譜のために求められてうたった。はじめのうちは、機材をセットして始めても、この歌だけは途中で涙に詰まり、何度やっても最後までうたえなかったという。このときのことを彼女は、「すまない」気持ちだったと語る。だがそうして、何度も何度もマイクの前でうたうことに応じるうちに、オビンはいつしか涙を流さなくても最後まで歌えるようになった。

「記録」や「保存」という行為は逆説的にも、その対象を違うものにつくりかえていく。身近にあったはずの歌や語りは、テキスト化された権威的な知識になるにつれ、生活する人びとの情念や記憶、共通感覚から遠いところへいってしまう［cf. 内山田 二〇〇六：九四－九五］。録音された「母の歌」は、果たしてオビンやハボが母たちとつながり続けている、あの同じつながりをつくることができるのだろうか。

4 複数の歌のある社会

保存団体を立ち上げた若い人たちは、その後セデックの代表としてさまざまな舞台で「踊りの歌」を披露し、集落の子どもへの歌舞の継承にも力を入れるようになった。オビンに言わせれば、かれらにはまだうたえない歌――「母の歌」もそのひとつである――がたくさんあったが、若い人たちはそうした「マイナー」な歌にはあまり興味がないようにもみえた。「踊りの歌」が自他ともに認める代表性を獲得していく一方で、集落に残る「母の歌」は、いつかあの録音だけになるのかもしれない、とわたしは思った。

だがそれも、部外者の勝手な思い込みだったのかもしれない。あるときわたしは、保存団体に加わっていたオビンの娘のひとりが、だいぶ前からオビンにあの歌を教わっていたことを知った。そのことをたずねたさい彼女は、「今は幼くて可愛い子どもが、将来三回心変わりして、母親を苦しめる」という祖母と母の言葉をわたしに示し、部屋に飾ってあった幼少期の息子の愛らしい写真を指差した。「三回の苦しみ」とは、この息子が中学に入ったとき、そしてこれから兵役に行き、結婚するときに自分も経験する（した）ことなのだと彼女は語った。母や祖母の感じた苦しみを、今の自分の苦しみに重ね合わせる彼女によって、オビンの母の歌は、今度はオビンの娘の歌になろうとしていた。「母の歌」はこうして、今もセデックのマイナーなつながりを紡ぎ続けている。

わたしも含め、これまで「踊りの歌」に注目してきた多くの人々は、この歌にセデックの社会や文化を代表させることで、その中身を単純化することに慣れてきたのかもしれない。たとえば「踊りの歌」ひとつを文化資産にすることで、セデックの文化を保護したとみなすように。であればこそ、オビンが「踊りの歌」と「母の歌」の両方を、さらにいえばそれ以外の無数の歌をうたい継いできたことを思い返す必要がある。彼女にとっての社会関係や伝統知識は、決してそのどれかに代表されることなく、複数の歌の中に異なったまま共存してきたはずだからだ。

オビンから見た単純ではない社会を想像するとき、かつてアナ・ツィンが描いたような、内部に多様性をもつ周辺社会［Tsing 1994］を思い浮かべる。周辺地域を開発する国家や、それを批判する研究者たちは、「周辺」を均質な集合体とみなすか、特定の立場にその全体を代表させてきた。だが「周辺」は不均一であり、その文化は首尾一貫性にのみ根ざすのではない。儀礼を司るシャーマンや、コミュニティの男性リーダーが体現する文化と違う、ときにゴシップや無関心といった目立たない態度でそれを拒む女性たちが、束の間体現する文化があるのだ［ibid：112-120］。広場や舞台で息の合った踊りの歌を披露しながら、家に帰ると母たちと別の歌をうたうオビンたちの姿も、それにどこか重なってみえる。
セデックの「踊りの歌」は、今までもこれからも、セデックという人たちについて重要なことを教えてくれるだろう。ただし、わたしたちは同時に、その複雑さと豊かさに接近するために、別の歌を聴いてみる必要がある。今もひっそりと歌い継がれるオビンの「母の歌」は、その入り口を示してくれているように思う。

❖参照文献

曾毓芬　二〇一一『賽德克族與花蓮太魯閣族的歌樂即興系統研究』南天書局。
小泉文夫　一九九四『音楽の根源にあるもの』平凡社。
黒澤隆朝　一九七三『台湾高砂族の音楽』雄山閣。
Tsing, Anna,L. 1994 *In the Realm of the Diamond Queen: Marginality in an Out-of-the-Way Place*. Princeton University Press.
内山田康　二〇〇六「景観、顔、（上位の）符号――南インドの「聖林」とポストコロニアルの揺れるペルソナ」『公共研究』三（二）：八八―一〇八頁。
余錦福　二〇〇四「泰雅族賽德克亞族 Uyas 複音即興演唱與社會制約」『玉山神学院学報』一一：一七五―二一〇頁。

未来を照射する過去

ドレッド・ロックスと縄文タトゥー

［ジャマイカ・日本］

神本秀爾

1　身体に作用する力

ここ数年、派手な髪色が若者のあいだで流行っている。くすませた色合いも多いが、ピンクや青に染まった頭髪を見ていると、高校生だった九〇年代末に見ていた、雑誌『FRUiTS』（ストリート編集室）などに掲載されていた、原宿界隈の若者の姿を思い出して少し自由な気分になる。だが、それは裏を返すと、頭髪をめぐる不自由さが横行しているということでもある。ただピンクが好きだとか、青が好きだとかいうことを実践の理由と説明する人もいるだろうが、そのような行為が、日本社会の素朴な「常識」を逆説的に可視化させていることには変わりがない。「常識」は強制力をともなう厄介なものでもある。二〇一七年には、大阪府立の高校が、生まれつき茶色の毛を黒く染めるよう強要して、生徒側から損害賠償を求められるに至ったという事件もあった。また、芸能人の「謝罪会見」でも、黒髪にすることを期待する人も多い。

頭髪という、文字通り身近なものをめぐるこれらの例は、わたしたちの身体に、社会あるいは共同体に従属させるベクトルと、そこから逃れ出ようとする正反対のベクトルが作用していることを示している。身体は、そのような力がぶつかり合う最前線なのである。本章では、そのような力が渦巻く例として、身体加工を取り上げたい。

2 身体加工とは何か

そもそも、身体加工とはどのような行為なのだろうか。『文化人類学事典』の「身体加工」の項目を見ると、世界各地でおこなわれてきた「身体に永続的に残る加工を意図的に施す行為」で、「イレズミ（皮膚を傷つけ染料を入れる）、瘢痕（皮膚を傷つけたり焼いてしるしをつける）、穿孔（耳、鼻、口唇などに穴をあける）、変形（頭蓋、首、歯など、纏足やコルセットも含む）、割礼（性器の切開や縫合、一部切除）、切断（指、鼻、耳など）、除去（抜歯、去勢など）、埋め込み（口唇、性器など）」などの例があげられている。また、この実践は「通過儀礼のなかで施されること」が多いこと、そして、「一時的に身体を装飾する衣服、装飾品、ボディ・ペインティング、化粧などとは異なり、身体加工は不可逆的に身体を変えることから、被加工者の重要な身体的特徴となる」などと記されている［桑原 二〇〇九：七六］。

このような身体加工は、特定の社会や共同体ごとに、それぞれの特徴を示すさまざまな実践と同様に、重要な意味を担ってきていた。アパデュライによると、「命名や剃髪、乱切（乱刺、scarification）、割礼、剝奪などにまつわる儀式は、ローカリティを身体へと刻印する複雑な社会的技法」［アパデュライ 二〇〇：三一九］ということになる。ここで言う儀式は、一定の決まった手続きでおこなわれる行為、という程度の理解で十分だろう。事典でも引用されていた割礼で考えると、割礼を受けた身体には、そのような方法での割礼を望ましいとする社会のローカリティが刻印されるということになる。別の表現を使うなら、「それらの儀式は、社会的にも空間的にも境界を定められた共同体にあって、身体を位置づけるとともに、ローカリティを身体化する手法」［ibid：三一九］なのである。

いそいで付け加えておきたいのだが、このような「ローカリティを身体化する手法」の中には、失われつつあるものや、存在感を弱めたものもあれば、内部や外部から違和感や批判が表明されていたりするものもある。他方で、観光による現金獲得の手段になっているものもある。違和感や批判が表明されている代表例は女性器切除（FGM）だろう。特にこの場合は、「人権」という、ヨーロッパ由来の概念が動員されることが多い。観光の代表例には、タイ・ミャンマーの山岳地帯で暮らしてきた、女性の頸部に成長とともに首輪をつけていく、通称首長族として知られるカヤンをあげることができるだろう。女性器切除にしても首長族にしても、文化の平準化を推し進める、いわゆる近代化が進み、従来の社会、あるいは共同体のあり方が変化している結果、目立つようになってきたと言うことができる。

それでは、このような世界で、ローカリティと関わる身体加工は失われていくだけなのだろうか。実は、そのようなことはなく、社会の変化に合わせて、既存のものにアレンジが加えられたり、新たなものが生み出されたりし続けている。本章で紹介するラスタファリアンのドレッド・ロックス、日本のネオ・トライバル・タトゥーのひとつ、縄文タトゥーは、そのようなものの例である。なお、ドレッド・ロックス（以下ドレッド）は髪型に関わるものなので、「身体に永続的に残る加工を意図的に施す行為」という桑原の定義からはみ出るのだが、剃毛の禁止という、ラスタファリアンである以上、永続的に身体に影響を及ぼす規範によるものなので、ここではタトゥーと並べて論じてみたい。

3　ラスタファリアンのドレッド

ラスタファリアンの語源は、エチオピア最後の皇帝ハイレ・セラシエ（在位一九三〇―七四）の戴冠前の名前、ラス・タファリ・マコネンである。彼こそが聖書に出てくるメシア（救世主）だと考えたジャマイカ黒人がつくりあげた教えがラスタファリアニズム（ラスタファーライ）である。このようなメシアへの期待は、ユダヤ教の選民主義的なメシアニズムの影響を受けていて、ジャマイカ黒人の宗教的救済という物語に結実している。ドレッドにたどり着くまでに、そもそもジャマイカ黒人とは何者だったのかを確認する必要がある。

ジャマイカは一四九四年にコロンブスに「発見」されたカリブ海の島で、最初スペイン領に、その後イギリス領となった。ヨーロッパ人が訪れた当初は先住民のアラワク・インディアンが暮らしていたのだが、彼らは新たな病原菌や労働力として酷使された結果、死に絶えてしまう。その後、サトウキビ・プランテーションで主要な労働力として、現在のガーナやトーゴなど、西アフリカから奴隷が運び込まれた。ジャマイカの人口の約九割が黒人とされているが、彼らの直接的な子孫は、この奴隷である。

プランテーションの所有者は、奴隷の連帯や反乱を恐れ、なるべく出身地の異なる奴隷をプランテーションに集めた。その結果、集団であれば一定程度保持されたかもしれない信仰や価値観、習慣、言語などの多くは変容、もしくは消滅していった。たとえば現在ジャマイカン・クレオール、またはパトワと呼ばれる現地の言語には、英語の文法体系が支配的ななかに、独自の文法やアフリカ由来の単語が混じっている。一八三八年に奴隷解放宣言が出され、その後インドや中国からの労働者が年期奉公人としてこの島を訪れるようになった。ジャマイカのエスニック集団に関して言うなら、一定の境界は存在するものの、しばしばその境界を横断しながら、人々の混淆も進んでいるのが実状である。つまり、ジャマイカ黒人とは、アフリカのルーツを持ちながら、そのアフリカ系の人々の内外での混淆を通じて、厳密なルーツなどわからなくなった、ハイブリッドな人々なのである。

セラシエこそ待望のメシアだと名指した人々（ラスタファリアン、ラスタ）は、セラシエを起点としてこのようなハイブリッドな人々を再編成し、そのなかから新たな黒人、アフリカ人（またはエチオピア人）という集団を出現させた。その過程では、黒人／白人、アフリカ／ヨーロッパ、ラスタファリアニズム（正しいキリスト教）／キリスト教、善／悪といった二分法が積極的に採用されていった。

こうした対抗的な集団ができていく過程で、彼らの身体も操作の対象となった。植民地下のジャマイカで望ましいとされたのはイギリス白人的な身体であり、肌は薄い方が好まれ、髪は直毛が好まれた。そのような島で、ラスタは肌の黒さを肯定し、髭や縮毛を積極的に伸ばして絡め、黒人的な身体を誇示するようになっていった。ドレッドは、想像／創造されたローカリティのシンボルなのである。

ドレッドの起源にはケニアのマウマウを模したとか、ヒンドゥーのサドゥーを模したとか、さまざまな説が挙げられ、厳密に一つの起源にたどることはできない。ただ、一九五〇年代、市民や警察に対して攻撃性や対抗性を全面に出すようになっていたラスタのあいだで、積極的にあごひげを伸ばしていた一団がいたようで、そのなかから、髭を剃らず髪を切らないだけでなく、とかずにドレッドを作る若者が続々と現れてきたと言われている［van Dijk 1993：109］。そして、ドレッドをまとうことは、聖書の様々な節を引用することで正当化されていった。もっとも有名なのは、「頭髪の一部を剃りあげたり、ひげの両端をそり落としたり、身を傷つけたりしてはならない」（レビ記二一：五）という節だろう。ラスタはこのようにして、白人とも、従順なイギリス臣民としてのジャマイカ（黒）人とも別の集団として自分たちを可視化させるようになったのである。そのような分離志向は、ユダヤ教徒のシオニズムのように、アフリカ大陸やエチオピアへの帰還願望とも結びついていった。

その後、ジャマイカは一九六二年に独立し、ラスタも独立国家ジャマイカの国民となった。その結果、アフリカ帰還を重視する立場と、ジャマイカを「アフリカ化」しようとする立場とに大きく二分されることになった。

人気ラスタ・シンガーをモチーフにしたバッジには国旗も描かれていた

独立期以降のジャマイカでは、ジャマイカ国民としてのアイデンティティや、その拠り所としてのオリジナルな文化が求められた。その過程でラスタファーライへの肯定的な評価も現れた。一九七〇年代以降は、新たなロックとして、ラスタファーライのメッセージを盛り込んだルーツ・レゲエが世界に紹介され、流行した。これらの出来事は、宗教的信念としてよりも、ドレッドを含むラスタファーライの文化の大衆化を推し進めた。また、独立によるイギリスの存在感の低下は、イギリス的規範を体現していたミドルクラスの価値観の影響力が下がる結果をもたらした。その後、一九九〇年代後期以降は、ナショナリズムとも親和性の高いアメリカ黒人らしさが、ジャマイカ黒人らしさを想像／創造する際の準拠枠になってきている［Thomas 2004］。その結果、アフリカ（エチオピア）、ジャマイカ双方への愛着を肯定するラスタも多く現れるようになっている。

4　日本のネオ・トライバルとしての「縄文」

日本国内において縄文とは、抑圧されてきたマイノリティに関するイメージではなく、マジョリティにとっての、しばしばロマンを誘うような過去へのイメージと結びついており、大規模な展覧会などが開かれている。たとえば、二〇一五年にフリーペーパーの『縄文ZINE』（創刊号六〇〇〇部、第4号からは三万部）が発行され、二〇一八年七月に東京国立博物館ではじまった特別展『縄文―1万年の美の鼓動』には、約二ヶ月の展示期間中に三五万人が訪れた（日系トレンディネット「縄文時代にはまる人が続々　ブームの仕掛け人に聞いた」二〇一八年一一月一六日）。本節では、「身体改造ジャーナリスト」として知られるケロッピー前田と、タトゥー・アーティストの大島托によるアート・プロジェクト『縄文族 JOMON TRIBE』を取り上げる。

ケロッピー前田は二〇〇二年頃から雑誌『バースト』で、タトゥーよりも過激な身体改造に特化した記事を執筆するようになった人物で、近年はTBS系列の『クレイジージャーニー』への出演で注目を集めている。ケロッピー前田は縄文族について、「縄文の文様を抽出し現代的なタトゥーデザインとして身体に刻む。それが人類の原始的な精神に通じ、二一世紀を生き抜くためのアイデンティティとなり得ることをこのプロジェクトは目指している。これは日本における

『モダン・プリミティブズ（現代の原始人）の実践なのだ」［ケロッピー前田 二〇一六：一八六］と述べている。

一方の大島托は、黒一色のブラックワークといわれるタトゥーのスペシャリストである。ポリネシアやボルネオ、台湾、東南アジアなど世界各地を旅して、現地に伝わる様々なタトゥーの文様や技法を学んできており、ヨーロッパの先端的な彫師たちとも継続的に交流している。ポリネシアやマルケサスなどの模様を日本に最初期に持ち込んだ人物で、琉球の針突やアイヌのイレズミの文様を彫ることもあるという。大島托は、タトゥーをする喜びが地域や時代を超えて人類共通のものならば、縄文時代にあったといわれるタトゥーも現代の日本で蘇らせることが可能だと考えている。

この両者が「日本のドメスティックなトライバルを作る」ことを目指して手を組み、『縄文族 JOMON TRIBE』はスタートした。そして、二〇一六年に東京、阿佐ヶ谷のTAV GALLERYで九月一六日から二七日にかけて写真の展示や実演、ゲストトークなどを含む複合的なイベントとして公開された。

縄文人は月、蛇、羊水（精液）、子宮といったモチーフを再生のシンボルとして、あらゆる文様を生み出してきたという縄文のシンボリズムという考え方を提唱している、『月と蛇と縄文人』などの著作を持つ大島直行もこのプロジェクトを支持しているという。大島托は、縄文の文様の核心は「蛇」だと考えており、世界各地のトライバル・タトゥーのモチーフに現代的にアレンジを加え、モデルの身体に刻み込んでいる。一般には、このように、既存のトライバルのエッセンスを抽出する形でつくりあげられるタトゥーをネオ・トライバルと称する。

ケロッピー前田はこのプロジェクトを、日本の縄文ブームの「火付け役」岡本太郎の名を冠したTARO賞（岡本太郎現代芸術賞）へ応募することから始めており、このためのリサーチがアート・プロジェクトとしての明確なコンセプトを構築する上で役立ったと述べている。なお、モデルたちはみずから身体の提供を申し出た人々で、自営で生計を立てている人が主だという。

この縄文のタトゥーは、現実の縄文タトゥーの復興ではない。と言うのも、第一に、魏志倭人伝などの記録に当時の日本人がタトゥーをしていたということは書かれているものの、皮膚や当時の施術道具は発見されていないためである。第二に、世界各地のトライバル・タトゥーを参照しアレンジを加えたものに、縄文という見立てを加えたものであるためである。大島托は、「虚実ないまぜ」でおこなうこのプロジェクトのコンセプトを、ヨーロッパのタトゥー愛好家は簡単に理解できるが、日本では理解されにくい場合があると筆者に語ってくれた。しかし、その「虚実ないまぜ」の状態を施術者と実践者が共有していくことで、縄文という物語を共有する新たな集団が形成されていく可能性は否定できない。

縄文タトゥーを題材にした写真作品（ケロッピー前田氏提供）

5　身体表面に表出する繊細さ

本章で紹介した二つの例は、想像／創造されたローカリティを身体に刻印する実践である。両者ともに起源に言及していたが、起源を意味するルーツ（roots）には根という意味もある。地中に張る根には太く力強いものも、細いものもある。私たちはアイデンティティを語る時、地中に潜む根のようなものとして過去を捉える傾向があるのではないだろうか。しかし、この見方は、簡単に移動することができたり、大量の情報に取り囲まれていたりする現代のラスタや縄文タトゥーには少しそぐわない。むしろ、個人を幹に例えるなら、ドレッドや縄文タトゥーには、個人の曖昧なアイデンティティを特定の方向に伸ばして安定させるような、枝としての役割があるのではないだろうか。単純な過去への回帰ではなく、未来をつくるための過去として、これらの実践は、実践者のアイデンティティにまつわる複数の枝々や、個人の基盤となる幹との融合／共存を目指すものでもあるように思えるのだ。

自然が出現した後、身体が出現した後に人間は文化をつくり、「常識」もつくられてきた。一見、

「非常識」に加工されて見える身体は、現在の身体をめぐる「常識」もまたファンタジーであることを気づかせてくれる野性味を帯びている。

❖参照文献

アパデュライ、アルジュン　二〇〇四『さまよえる近代——グローバル化の文化研究』門田健一訳、平凡社。
桑原牧子　二〇〇九「身体加工」『文化人類学事典』日本文化人類学会編、七六一七七、丸善出版。
ケロッピー前田　二〇一六『クレイジートリップ　今を生き抜くための〝最果て〟世界の旅』三才ブックス。
二〇一九『クレイジーカルチャー紀行』、角川書店。
Thomas, Deborah　2004　*Modern Blackness: Nationalism, Globalization, and the Politics of Culture in Jamaica*. Duke University Press.
Van Dijk, F.V.　1993　*JAHMAICA Rastafari and Jamaican Society*. One Drop Books.

第Ⅱ部

暮らす

環境・災害・時間

エコ暮らしのスワヒリ農村 ボンデイのココヤシの葉利用

［タンザニア］

髙村美也子

1　自然に還らないビニール製品

東アフリカ・タンザニアでは、以前は、自然に還るモノで作られたモノが多かった。現在では街は都市化が進み、工業製品にあふれている。一方、農村はまだまだ都市化が進んでおらず、インフラ整備も追い付いていない。それでも外来の工業製品は入ってきており、プラスチック商品が人気である。特に子供用の食器や、結婚式や葬儀の際にお客さんをもてなす食器は、プラスチック製で、丈夫で割れにくく、使用率が高い。プラスチック製の食器は数年間使用できる。しかし、問題は、ペットボトルやビニール袋である。

プラスチック製品が導入される前は、多くの場合、自然に還る素材で籠や家屋が作られてきた。ところが現在は、たとえ小さな農村のお店でもビニール袋に買った商品を入れてくれ、家まで手を汚さずに持って帰ることができる。小さな石鹸一つでさえ、「お店のおもてなし」として、ビニール袋に入れて渡してくれる。プラスチック製の商品は、購入したものであるため大切にするが、金銭で購入しないで「もらえた」ビニール袋は、「ゴミ」になりがちである。

しかし、「便利」なビニール袋が導入される前は、植物の葉を即席に編み込んで、運搬用の「袋」を作って、モノを運んでいた。

袋だけでなく、建築素材も、自然由来のものが大半であった。現在は、トタンの屋根、鉄の釘と、日常的に使用されるモノについて自然に還らないものが占領しつつある。かつ、人々も、価格が高くても、耐久性のよいものを導入することが最善と考え、積極的に取り入れている。一方で、いままで自然に還るものであったため、不必要になったものをそのまま捨ててしまう傾向がある。残念ながら、農村でもその傾向が増えつつある。では、いったい、環境によいエコな暮らしとは、どういったものなのであろうか。タンザニアのボンデイの人々の暮らしを事例に考えてみる。

2　ボンデイ地域の自然環境

ボンデイが居住している地域は、ほぼ赤道直下の南緯五度、タンザニアの北東部、インド洋沿岸から四〇キロ程内陸に入ったところである。地理環境は、標高が約二五〇メートル、平均気温が二七・五度、年間降雨量が一三〇〇メートル［タンザニア気象省］である。

ボンデイ居住地域は、作物の栽培に自然環境が適しており、かつ沿岸部から四〇キロ程離れているにも拘らず、ココヤシ栽培に適している。このココヤシが、ボンデイの人々のエコな暮らしを支えてきたのである。

ココヤシは、アラブ・ペルシア商人たちが東アフリカとの交易をおこなっている際に、アラブ・ペルシア商人がココヤシのプランテーションを導入した外来栽培作物である。プランテーションでココヤシを栽培していた農村の人々が自分たちの生活にも取り入れ、現在では様々な側面で欠かせない作物となっている。利用場面は、食のみでなく、住にも重要な役割を果たすようになった。特にココヤシの葉はエコな生活に欠かせない部位である。

3 ココヤシの木と葉の特徴

ココヤシは Cocos nucifera といい、ヤシ科のココヤシ属に属する。ココヤシ分布域は、熱帯・亜熱帯地方の海洋沿岸地域で、北緯二五度から南緯二五度の間の、南アジア、東インド、中央アメリカ、太平洋諸島、東アフリカ、西アフリカに分布している［Moo 1948］。ココヤシ栽培に適する自然条件は、気温は二五―二七℃、年間降雨量は一五〇〇―二五〇〇ミリメートルの間である。ココヤシの原産地は東南アジアといわれているが、二〇〇〇年前には東アフリカにも伝播し［杉村・松井 一九九八］、地球上の赤道を中心とした沿岸地域に生育している。東アフリカにおけるココヤシ栽培は、一九―二〇世紀、ヨーロッパによるプランテーション栽培によって著しく拡大した［Cooper 1997］。

ココヤシの特徴は、次の通りである。樹高が二〇メートルの高木で、寿命は八〇年程である。葉は、大型羽状複葉で、樹上部につく。その長さは四―七メートルである。花をつつむ苞は、三週間から一カ月毎に一本形成され、苞が一メートルから一・五メートル程になると苞が割れ、雄花と雌花をもつ花序が現れる。雌花が受粉すると実をつける。一本の花序は約一〇個の実をつける。苞が割れる前に苞の先端を切除すると、樹液を採取できる。以上がココヤシの木の特徴である。

写真1　オレンジを入れた籠

ココヤシの葉の特徴は次の通りである。ココヤシの葉は大型羽状複葉で、長さは四―七メートルあり（これを以下複葉と呼ぶ）、これに小葉が二〇〇―二五〇枚ついている。小葉は、葉軸を中心に左右対称についている。小葉は固く弾力があり、編み込みが容易である。ボンデイは、複葉の弾力性及び耐久性を利用して、生活に必要な様々なモノを作製している。主な作成物は、家の扉、塀、葺き屋根の材料、籠などである。

籠（パカチャ pakacha）**作り**（写真1）

複葉の中央部分を使用する。複葉三列分を切ったものを三―四枚用意し、小葉を交互に重ね編み込んで籠を作製する。最初に一枚目の左側と二枚目の右側の小葉を編み込む。同じように二枚目の左側と三枚目の右側の小葉、次に三枚目の左側と四枚目の右側の小葉、次に四枚目の左側と一枚目の右側の小葉を編み込む。これを三回程繰り返し編み込むと、適度な大きさの円柱ができる。

次に、余った小葉の刃先を折りたたみ、裂いた小葉やバナナの木の皮を細く裂いた紐で縫い込み、底を作る。すると撓りのある頑丈なココヤシの籠（写真1）ができる。

ココヤシの葉があれば袋を持参していなくても、果物、トウモロコシなどを運ぶ即席籠を用意できる。既製品の鞄やナイロン製の袋と違い、捨てても自然にもどる籠である。

写真2・3　塀（上）と扉

塀、扉（写真2・3）

一枚の扉を作るために、二枚の複葉を用意する。

それぞれの複葉の葉軸を中心にして左右の小葉を折り重ね合わせた後、重なり合った小葉を編み込む。二枚目の複葉も同じようにして小葉を編み込む。

その後、編み込んだ二枚の複葉を、葉軸が外側になるように重ね合わせ、外側に木の枝で作った木枠を縄で縛る。

外枠を固定しても、内側は柔らかい小葉の編み込みのため不安定である。さらにこの小葉の編み込み部分を固定するため、細い木の枝二本を、木枠の右上から左下へと、左上から右下へと交差させ、内側の編み込み部分をこの枝に縛り付けて、固定するように差し込む。または、扉の中心に一本の棒を縦に固定し、横に数本の棒を固定し、扉を頑丈にする。これで扉の完成である。完成した扉を家の扉の枠に縛り付ける。

近年は、木の板で作られた頑丈な扉を使用する家屋が増えている。ココヤシの葉を使った扉の家を見かけることは少ない。

塀も扉作りと同じ要領で編み込んで作製するが、広さに応じてその枚数を増やす。そして写真のように固定する。簡易壁の出来上がりである。

村では、家の塀や酒場等の塀、アヒル小屋の壁として使用されている。

屋根葺き（写真4）

ボンデイは、屋根葺きにココヤシの小葉を使用する。複葉を乾燥させた後、小葉を複葉の軸から一枚一枚取り外す。

長さ一メートルの細い木の棒を用意する。二―三枚重ねの乾燥した小葉を、小葉の真ん中あたりで木の棒を巻き、細く裂いたバナナの皮で括り付ける。これを繰り返し行い、幅一メートル位の長さになるまで行う。これが、ココヤシ屋根を葺く場合の一単位となる（約一メートル七〇×七〇センチメートル）。このような一単位をキウンゴ（単 kiungo ／複ヴィウンゴ viungo）という。キウンゴは一軒分の家に一五〇枚から三〇〇枚ほど必要となる。数百枚にもなるキウンゴを作るのには時間がかかる。時間に余裕のある男性、もしくは女性が余暇の時間や豆や肉をじっくり茹でている最中の手隙な時間などを利用して作っている。

写真4　ココヤシ屋根

燃料

ココヤシの葉柄と小葉は、燃料として利用される。

ココヤシの葉柄は、幅が二〇―三〇センチメートル、長さが五〇センチメートル―一メートル程、厚みが三センチメートル程ある。これを乾燥させると、長時間燃え続ける薪となる。長時間燃えて火持ちがよいココヤシの葉柄は、長時間盛大に火を燃やさなければならない大型鍋を使った料理の薪材として適している。結婚式、葬式などの行事の際、多くの人が一か所に集まる。行事を行う家庭では、来客におもてなしとして紅茶と揚げパン、もしくは食事を振舞わなければならない。その際、大量の薪が必要となる。料理の手伝いに来る近所の女性たちは、行事を行う家へ一つの贈り物の薪として乾燥した葉柄を持参する。それらを使用して来客用の食事の用意をする。

葉柄の他に、乾燥した小葉が点火材となる。他の点火材がないときは、葺き屋根から数枚の乾燥した小葉を引き抜き、これを丸めて火をつけ火種とし、その上に細かい木を乗せ、火を起こす。乾燥しているため、萌えやすく点火材として適している。

ほうき

ココヤシの葉でほうきを作ることもできる。小葉には葉脈がある。乾燥した小葉の葉身の部分を剝がし、葉脈だけにする。集めた葉脈を一つにまとめると、強く弾力のあるほうきができる。砂地の掃除に最適である。

このほうきは、小学校の掃除に使用するため、児童はみな持参している。子どもたちが自分で葉脈を集めて束ねるか、近所のほうき作製者から購入するかは、その過程次第である。小学校に登校する子どもたちの中で、ココヤシの葉脈からできた小さなほうきを握りしめながら学校に向かっている児童をよく見かける。家庭内では、中庭の砂地や家の周囲の掃除に最適である。砂や土は、束ねた葉脈の隙間から逃げ、ゴミだけを集めることができる。毎朝、各家庭からシャッシャッシャッとこのほうきで掃く音が聞こえてくる。

ココヤシの葉の利用

以上、ココヤシの葉から作られるモノとその利用を紹介した。複葉からは、籠、扉、塀を作ることができる。小葉は、屋根葺きのヴィウンゴ、点火材として使用することができる。葉柄は燃料として利用できる。小葉の葉脈はほうきとなる。

このようにボンデイは、ココヤシの葉の全ての部位を余すところなく利用し、生活に取り入れている。

そしてこれらは、すべて自然に還るモノとして利用することができるのである。他方、自然に優しくても、人々の暮らしの中で経済的に優しくないと利便性が高いとは言えない。では、これらはいったいいくらくらいで購入することができるのだろうか。

4 ココヤシの葉製品の価格

ココヤシの葉の製品が、どれほど人々の暮らしに優しいのかをみていく。

扉と屋根噴きのヴィウンゴは村の農民が農業の合間に製造し、販売している。扉は五〇〇シリング（二〇一〇年時点で約四八円）で販売される。キウンゴ一枚は五〇―一〇〇シリング（約五―一〇円弱、二〇一〇年）で販売される。

扉作りと扉の取り付けは、同じ職人が行う。よって、職人は、扉販売で五〇〇シリング、扉付けの手数料として五〇〇シリング程度の合計一〇〇〇シリング（約九五円、二〇一〇年）を支払われる。

一軒の家に必要なヴィウンゴの枚数は一五〇―三〇〇枚である。費用としては、最高で三〇〇〇シリング（約一五〇〇円）くらいになるだろう。他方、その準備には時間がかかる。依頼主はヴィウンゴの作製を直接依頼する。一方、ヴィウンゴ作り人は、受注して直ぐ大量の枚数を作るのは不可能であることから、毎日家事の合間や時間がある時に作って保存しておく。大量受注で一人では作製不可能な場合、娘や親族の女性とともに共同作業を行う。

ヴィウンゴを必要枚数そろえた依頼主は、屋根にヴィウンゴをつけるよう、屋根の修繕職人に依頼する。古くなったヴィウンゴを屋根から外し、新しいヴィウンゴを一枚一枚ずらしながら重ね、母屋に縛り付けて完成である。その修繕代は、約五〇〇シリング（二五〇円）である。

その他の製品である即席籠、燃料、ほうき作りには、費用がかからない。その場でココヤシの葉を拾うか、ココヤシの木の所有者にお願いして、葉をお裾分けしてもらい、かつ、利用者本人がその場で作製できるからだ。

こうしてみると、ココヤシの葉を利用した即席籠、ほうき、燃料は無料、扉は五〇〇シリング（約四八円）、扉設置費用は五〇〇シリング、葺き屋根全修繕は、三〇〇〇〇シリングと修繕費五〇〇〇シリング程で、（約一七五〇円）である。

一方、トタン屋根は一枚で二〇〇〇〇シリングかかり、屋根の構造自体も異なるため、頑丈な木材で作らなければならない。ココヤシの葉を利用した屋根とトタン屋根を比較すると、ココヤシの製品がいかに利用者にとっても優しい素材であるかがわかる。

5 おわりに

自然に還る日用品の材料としてココヤシの葉の利用について紹介した。ココヤシの葉だけでも、籠、扉、屋根葺き、燃料と多様な利用方法がある。利用後、捨てても自然に戻る物質である。ボンデイの生活にとってココヤシの葉は、経済的にやさしく、自然にも優しいエコな素材であることがわかる。

タンザニア政府は、二〇一九年六月一日からプラスチック製の袋の使用を禁止した。ボンデイの人々はこれまで無意識に自然に優しいエコな暮らしをしてきたが、今後は、この暮らしがいかに自然に優しく、エコであるかを再認識し、ココヤシ利用の暮らしを意識的に継続していくのかどうか、みていきたい。

❖参照文献

杉村順夫・松井宣也　一九九八『ココヤシの恵み——文化、栽培から製品まで』裳華房。
髙村美也子　二〇一四『スワヒリ農村ボンデイ社会におけるココヤシ文化』アフロ・ユーラシア内陸乾燥地文明研究叢書一一、名古屋大学。

Cooper Frederick 1997 *Plantation Slavery on the East Coast of Africa*. Heinemann.
Moore K.Oscar 1948 The Coconut Palm: Mankind's Greatest Provider in the Tropics. *Economic Botany* 2(2):119-144.

自然災害とともに生きる

ソロモン諸島村落部の暮らしから考える日常性　[ソロモン諸島]

藤井真一

二〇一四年一月一六日、私は、以前から話に聞いていた洪水被害の一端を垣間見る経験をした。当日の様子を記すことから始めよう。

数日前から暴風雨が続いていた。集落からほど近い河川は濁り、土色の水が海岸沿いの海に吐き出されていた。上流域でもおそらく同様にずいぶんな降雨量があっただろう。村人たちは、「きっと洪水になる」と噂していた。当時、私は浜辺から一〇メートルくらいの家に寄留していた。海から吹き付ける暴風雨に、屋根が吹き飛ばされるのではないかと不安を感じながら夜を過ごした。

翌朝になると、雨は止んでいた。ところが、私が身を寄せていた家から一キロメートルほど南に離れたコレオというところで、膝丈の水位まで冠水しているという知らせを受けた。午後になると、私が寝泊まりしていた小屋の裏手にある水溜まりの水位が目立って上がってきた。炊事小屋も私の寝床がある小屋も、股下丈の水位になった。「荷物が水没するとまずいから、高床式の家

ヤシの葉と木を組み合わせた即席の防風柵

屋に住んでいる隣人宅へ移れ」と言われた。しかし、これも彼らが日常的に経験していることなのであれば、私も文化人類学者として彼らと同じ経験をしたいと思った。そして、彼らと一緒に、即席の暴風柵を作り、小屋の裏手の水溜まりから海へと水が流れやすくするためにシャベルで溝を掘った。彼らの対応が功を奏したのか、夜半頃には小屋周りの水溜りの水位が下がり、事なきを得た。

三週間後、これに類する経験を再びすることなく平穏に村落調査を終えて首都へ戻った私は、二月中旬に帰国した。それから約一ヶ月半後の四月初旬に、友人からEメールが届いた。私が身を寄せていた家を含めて数軒が、洪水できれいに流されたという知らせであった。

1　フィールドが研究テーマを方向付ける

二〇〇九年の初調査から現在まで、私の研究関心は、文化人類学の視角から平和と紛争の動態を探究することにある。この課題に取り組むために、私が調査対象として選んだのがソロモン諸島国であった。ソロモン諸島国では、一九九八年末から二〇〇三年にかけて、ガダルカナル島の人びととマライタ島にルーツを持つ人びと（以下、マライタ系住民）の間で「民族紛争」と呼ばれる武力衝突が起こった。

この紛争について、一方の当事者であるマライタ系住民に注目した研究や報告が目立つ半面、もう一方の当事者であるガダルカナル島の人びとについてはあまり研究や報告が見られなかった。それ以外にもいくつかの事情があり、私はガダルカナル島を、その中でも特に双方の武装集団が激しく衝突したといわれていたガダルカナル島北東部を、調査対象地域として選んだ。フィールドワークを通じて「民族紛争」について見落とされてきた事実を踏まえながら歴史を再構成すること。そして、紛争に照準を合わせたときに周辺視野に映り込む、紛争渦中を生きた人びとの生存戦略を探ること。これら二つの作業を通じて、正常（日常）と異常（非日常）の狭間を探究することが、私の調査研究の主眼にある。

このような経緯で調査地域を選んだため、冒頭に挙げたような自然災害や災害への人びとの対応といったエピソードの記録も分析も、もともと私の調査計画には含まれていなかった。しかしながら、幾度もの調査渡航を繰り返し、短くない時間を村人たちと過ごしながら、ガダルカナル島北東部に暮らす人びとの現在の日常生活に対する民族誌調査を続けていれば、さまざまな出来事に出くわし、あるいは巻き込まれ、経験することになる。湖中が述べるように、「自分に関心があろうがなかろうが、もともとの研究テーマとかかわりがあろうがなかろうが、現地で問題になっていることや地域住民が関心をもっていることを研究テーマに選ばざるを得ない」のだ［湖

中 二〇一五：三六]。

二〇一一年以来、ガダルカナル島北東部で暮らしていると、サイクロンや洪水による水害の話をたびたび耳にした。そのうちに、彼らの集落が毎年のように水害を経験しているということがわかってきた。同時に、彼らが水害をどこか恒例行事のように語る様子が気になり始めた。ありふれた日常を彼らとともに過ごすうちに、ともすれば私たち日本人が非常事態と判じてしまうような出来事も、彼らの日常生活を構成する一部分であるように思えてきたのである。その感覚は、冒頭で挙げたような出来事を実際に経験することで、より強くなった。

2 ソロモン諸島におけるサイクロンと洪水被害

実は、私が主要な寄留地としているガダルカナル島北東部の集落では、サイクロンに伴う水害を幾度も経験している。数ある水害の中でも集落の人びとが口を揃えて触れるのは、一九八六年五月にソロモン諸島各地で甚大な被害をもたらしたサイクロン「ナム」だ[里見 二〇一七：七七；関根 二〇〇一：五四—五五]。友人らの話によれば、このサイクロンによって、集落が東西に二分され、住民が分散してしまったという。冒頭で述べた「小屋の裏手にある水溜まり」は、サイクロン「ナム」の名残なのだそうだ。それから約三〇年、サツマイモ畑が水没して収量が激減したり、道が冠水してトラックが行き来できなくなったりといった事態が毎年のように起こるとしても、村を分断してしまうような水害を彼らは経験せずに過ごしてきた。

しかし、二〇一四年四月に大洪水が集落を襲った。現地の友人がEメールで知らせてきたように、集落の一部地域では家屋が「きれいに」流されてしまった。この知らせを受けて私は、現地の友人たちの安否に思いを馳せると同時に、どんどん水位が上がってくる中で寒さに震えながら焚火をした二〇一四年一月の記憶を思い出した。

あのとき、ひどい風雨のせいでほぼ家から出ることができなかった私は、雨の中でも訪ねてきてくれる友人たちを相手取って、それまで気に留めることがなかった「雨（ウーザ）」に関連する現地語の語彙について集中的に聞き出した。フィールドノートを紐解けば、「シシキ。パラパラとした小雨。ウザ・ガオカ。強くはないがずっと降り続く雨。ウザ・マネ。強い雨だが短時間だけ。エ・ウザ・ニ・カウ・マナ・べ。とても強い雨で、周りが見えなくなる」といった雨の強弱についての民俗語彙が、ソロモン・ピジン（ソロモン諸島国の共通語）とレンゴ語（ガダルカナル島北東部で話されている現地語）を併用しながら記録されている。このとき、私たちがその只中にいたのは、嵐をもたらす悪天候「コブル」であった。

冒頭で紹介した水害の同日深夜、私はフィールドノートに次のように書き留めている。

今日の経験は怒濤の勢いだったゆえ、逐一文字化して記録できていないが、毎年のごとくサイクロンを経験する地域の、特に一九八六年に村を崩壊、散逸させるほどの被害を経験した、この集落ならではの生活の知恵を見た気がする。雨雲の様子から降雨のタイミングを計る気象観察術。簡易小屋を撤収するタイミングと手際のよさ。防風柵の手慣れた建造と、潮の引きを見計らっての水抜き溝作り。

ノートに書いてある通り、当日の日中は、逐一メモを取るような余裕などなかった。リアルタイムの記録としては、暴風に傾く木々や吹き飛ばされる屋根の様子をわずかばかり写真に収め、迫りくる高潮の映像を撮っただけであった。それよりもむしろ、彼らと一緒になって、暴風雨が吹き荒れる砂浜で即席の防風柵を作り、増した水位を下げるために水溜まりと海の間に溝を掘ることに多くの時間を費やした。

3 自然災害とともに生きること

当時の写真と映像を確認しながらメモを見返していると、現地の状況がとても気になった。なかなか渡航資金を工面できずにいた二〇一五年二月、堪りかねて現地の友人へ電話をかけた。お互いに近況報告をすると、洪水被害から二ヶ月ほど経った二〇一四年六月頃には、「きれいに流された」はずの家々が建て直され、以前とほとんど変わらない暮らしを送っていると聞かされた。この話を受けて、災害復興の局面で彼らが見せる対応力に私は驚いた。それと同時に、災害に関する人類学研究において重要な論点であるレジリエンス（回復力）という言葉が頭をよぎった。レジリエンスとは、当事者たちの災害への対応力のことである［木村 二〇一八：二〇五］。

日本では、たとえば地震による家屋の倒壊やゲリラ豪雨による水害が起きると、ブロック塀やコンクリートの建造物が瓦礫となって残される。災害後に日常生活を回復していくためには、資材の調達や家屋の再建の前に、災害によって生み出された瓦礫の撤去をしなければならない。そうして撤去された瓦礫は、基本的に同じ用途で再利用することが不可能な廃材となる。それゆえ、被災後にかつての日常生活を取り戻すためには、ずいぶんと時間がかかることになる。被災の規模にもよるが、ガダルカナル島北東部の集落のように、四月に家屋が「きれいに流された」にもかかわらず、わずか二か月あまりで以前とほぼ変わらない日常生活が回復されるようなことはないだろう。

ソロモン諸島の伝統的な建材のほとんどは、集落周辺の樹木である。一般的に、柱や梁などの主要な構造材として丸太や竹が使われ、壁材や屋根材などにはサゴヤシの葉を加工した串状のパネルが使われる。構造材の耐用年数は一〇から一五年、サゴヤシの葉から成る串状パネルの耐用年数はせいぜい五年程度であるといわれる［八木 一九九六：一一六］。

家屋建築の一般的な工程は、準備・建方・仕上げという三段階に大別できる。家を建てるとき、特に時間がかかるのは壁材や屋根材となる串状パネルの準備である。何十枚ものサゴヤシの葉を少しずつずらしながら、幅二センチ、長さ二メートルほどの竹や木の棒に挟んで留めていくことで、この串状パネルが作られる。私が計測したところ、一つの串状パネルを作るのにかかる時間は一〇分から一五分程度であった。この串状パネルは屋根にも壁にも使われる汎用性の高い建材である。建築予定の小屋の広さや高さに応じて、ときには何百枚も準備することになる。

私の調査地であるガダルカナル島北東部では、こうした自然由来の建材を使って小屋が作られる。高床式の家屋にしている世帯もあれば、床材を必要としない土間式の家屋を建てている世帯もある。土間式の家屋の場合、建方（構造材の組み立て）には少々労力が必要だが、仕上げ（屋根材や壁材の取り付け）は頑張ればかなり短期間で済ませることも可能だ。それは、言い換えれば、同じように短期間で小屋を撤収することができるということでもある。先に紹介した私のフィールドノートの記述にある「簡易小屋の撤収のタイミングと手際の良さ」や「防風柵の手慣れた建造」は、彼らが培ってきた建築技術がなせる業だといえる。

ここで、留意したいことが二点ある。一つ目は、こうした建材の耐用年数がそれほど長くないということである。それは、ある程度の周期性をもって建材の再生産を行なわなければならないということを意味する。言い換えれば、建材の準備は広い意味で日常生活の中に埋め込まれた作業だと考えることができる。二つ目は、サゴヤシの葉の一部が破損しただけの串状パネルは再利用可能だということである。レンガやブロックとは異なり、自然素材から成るソロモン諸島の建材は、その一部が破損したからといって即座に再利用できない廃材となるわけではない。サゴヤシの葉が破損した串状パネルだけを付け替えたり、流されたり飛ばされたりした串状パネルを拾ってきて再び建材として利用することができる。つぎはぎするなどの修繕をしながら衣類を使い続けるのと似ているかもしれない。

ガダルカナル島北東部の村落にみられるこうした特徴は、ほぼ毎年のようにやってくるサイクロンの被害を軽減するものとして積極的に評価できるのではないか。すなわち、彼らは暴風雨によって建材が飛ばされたり水害によって家屋が流されたりすることを生活の中に織り込み済みで、換言、周期的に訪れる自然災害によって一定程度の被害が生じることを承知したうえで、その被害を最小限に留めるような工夫を在来知として持っていると考えることができよう。

水溜まりと化した，かつての私の寄留地。
そこに住み着いた魚を釣りに出る女性

4　おわりに

二〇一七年九月、およそ三年半ぶりにガダルカナル島北東部の集落を再訪した。三年半前に私が身を寄せた小屋がなくなっていた。それだけでなく、私がともに暮らした家族の小屋があった場所は、見事に大きな水溜まりと化していた。

集落に到着した私に対して、友人たちが二〇一四年の水害のことを口々に報告してくる。たとえば、「お前が以前住んでいたところは、今は魚たちが住んでいる」とか、「かつてお前が暮らしていた家があるだろう。あの家は住み心地がよかったようだ。だから、海が嫉妬してお前の家を持っていった」とか、そんなことを幾人からも言われた。冗談めかして口から飛び出す数々の報告は、水害によって家や財産を失ったことを悲観する風ではない。それは、私の友人たちの性格によるものかもしれないが、規模の大小こそあれど毎年のように水害を経験し、換言、災害を日常生活の中に織り込み、「災害とともに生きる人びと」の生活に根差した何かがあるように思われる。彼らに対する私のこのまなざしが、人類学者による過度の美化なのか、当を得た解釈であるのか。災害対応に関する在来知の収集と併せて、私が今後の調査研究を通じて明らかにしていきたいと考えている課題の一つである。

❖参照文献

木村周平　二〇一八「公共性」『二一世紀の文化人類学――世界の新しい捉え方』前川啓二ほか著、一八九―二二二頁、新曜社。
湖中真哉　二〇一五「やるせない紛争調査――なぜアフリカの紛争と国内避難民をフィールドワークするのか」『人はなぜフィールドに行くのか――フィールドワークへの誘い』床呂郁哉（編）、三四―五二頁、東京外国語大学出版会。
里見龍樹　二〇一七『「海に住まうこと」の民族誌――ソロモン諸島マライタ島北部における社会的動態と自然環境』風響社。

関根久雄　二〇〇一『開発と向き合う人びと――ソロモン諸島における「開発」概念とリーダーシップ』東洋出版。
八木幸二　一九九六「伝統的なすまい」『ソロモン諸島の生活誌――文化・歴史・社会』秋道智彌、関根久雄、田井竜一（編）、一〇五―一一八頁、明石書店。

季節がかわるとき　初物献上のゆくえをめぐって

[ミクロネシア]
河野正治

1　併記される元号と西暦　ときの新しさと煩わしさ

二〇一九年は、改元に彩られた年として記憶されるのかもしれない。平成から令和へと元号がかわり、新しい時代が幕あけするかのような雰囲気が世間にあふれていた。ニュースや新聞では、なにかと「令和初の」というお題目が使われた。令和という元号自体は「初春の令月にして」から始まる『万葉集』の一節から採用されたが、そこには季節の訪れというものに対する昔の日本人の感性がにじみでていることが広く知らしめられた。季節がかわるように、時代もまた生まれかわる、とでもいうように。

この年の春先には、季節と時代の転換が華やかに喧伝されたが、日々のはんざつな書類仕事に明けくれる人びとは、年度途中で元号がかわるという事態への対応に追われていた。その煩わしさから、西暦での表記に統一すべきだという声も一部で聞かれた。こうした騒ぎのなかで、書類に併記された元号と西暦は、ときの新しさと煩わしさという両義的な感覚を伝えていたのかもしれない。

元号と西暦をめぐる出来事が教えてくれるように、二つの時間は同時に生きられている。私たちは、西暦とカレンダー、そして時計を通じて、世界のどこでも通じる標準的な時間の測りかたに慣れ親しみながら、どこかで「新しい時代」や「季節の訪れ」といった、それぞれの場所や集団に特有な時間のながれを意識しているのだ。

このような時間の経過にかんする人間のさまざまな認識や経験は、「時間の人類学」という、文化人類学の下位領域でさかんに議論されてきた。文化人類学者のバースによれば、いまや標準的な時間の尺度となったグレゴリオ暦は、印刷技術やメディアの発達によって世界中に広まったが、それによって、地域や環境に固有な時間のあり方がうしなわれたわけではない。そうではなく、西暦を土台として令和という元号の新しさと煩わしさが同時に可視化されたように、標準的な時間というものは、時間の認識や経験をめぐる差異と多様性を浮きぼりにしてくれる、とバースはいう［Birth 2013］。バースにならえば、時計やスマートフォンでいつでもどこでも標準的な日付と時刻を確認できる「現代《いま》」という時代は、時間という主題の可能性が試される時代なのかもしれない。

その主題のなかでも、このエッセイでは「季節」というものに焦点をしぼって、ミクロネシアのポーンペイ島民がいかに季節の移行を経験しているのかを考えてみたい。

2 歴史家の奇妙な語り なぜわたしは「遅い」といわれたのか?

「時間の人類学」に関する研究のなかで広く参照されてきたデュルケームの社会学理論によれば、人びとが時間を把握するために参照する暦《こよみ》は、もともと社会的な暮らしから借りてこられたものである。そのような理解のもとで、日付や季節を表す暦は、人間の共同生活に規則性をもたらす媒体であると同時に、人間の集合的な活動のリズムを表現する媒体でもあるという［デュルケーム 一九七五:二三二］。

いまから取りあげるポーンペイ島は、グアムやサイパンの南東に浮かび、およそ三万人が暮らす小さな島である。大半の島民が義務教育を受けたキリスト教徒であり、島民のおよそ半数がカトリック信徒、島民人口の約三分の一がプロテスタント信徒である。

かれらは西暦のカレンダーを使用しながらも、「パンノキの実の季節」と「ヤムイモの季節」という島特有の季節のカテゴリーをいまも使用している。パンノキの実は、パンノキという樹木になる果実であり、輸入米が普及する以前は主食の地位を占めていた。日本の山芋や長芋もヤムイモの一種であるが、ポーンペイ島のヤムイモはかなり大きく成長することで知られ、島民の威信を示す重要な財としてさまざまな儀礼で展示される。「パンノキの実の季節」は、パンノキの枝に大きな果実が実る、食生活の豊かな時期である。「ヤムイモの季節」は、パンノキの実に代わって

上：パンノキの実（2009年６月26日，筆者撮影）
下：儀礼の場で展示されるヤムイモ（2012年10月６日，筆者撮影）

ヤムイモが儀礼で使用される時期であり、その儀礼で展示するにふさわしいほど成長したヤムイモの収穫期である。これらの季節の始まりは、それぞれ五月頃と九月頃とされている。

二つの季節の移行は、いずれも初物献上《はつものけんじょう》によって告げられる。初物献上とは、その年に初めて収穫された農作物を神や王に捧げるという慣習である。令和元年の日本でも、新嘗祭《にいなめさい》（天皇もかかわる初穂儀礼）や大嘗祭《だいじょうさい》（天皇の即位後初めての新嘗祭）という、初物の献上をともなう宮中祭祀に注目が集まった。ポーンペイ島もまた、首長という伝統的権威者の存在で知られる。ポーンペイ島は五つの首長国に分かれ、それぞれの首長国を統括する五人の最高首長と、その下位単位である一五四の村を統括する各々の村首長がいる。各村が最高首長にパンノキの実の初収穫物を献上することによって首長国に「パンノキの実の季節」が訪れ、村人が村首長に初物を献上することによって村に「パンノキの実の季節」が訪れる。季節の訪れを待って、人びとの食卓にパンノキの実が並び、儀礼にパンノキの実が使用される。ここでの季節の移行は、食物の消費の解禁というかたちで現れるのだ。

これらの季節がポーンペイ島の重要な農作物の収穫期を反映することから、デュルケームの定式でかれらの季節をひとまず理解できると、わたしには思われた。つまり、二つの季節はパンノキの実とヤムイモにかかわる農耕生活から借りてこられたのだ、と。

ところが、島随一の歴史家として知られるクリアンという村首長の語りは、こうした理解を一変させた。その語りは、ヤムイモの初物献上のクライマックスとされる「礼の祭宴」にかんするものであった。

二〇一一年の八月、クリアンは「あんたの村はまだ〔ウー首長国の最高首長に〕『礼の祭宴』をしていないのか。遅いなあ」とわたしに言った。たしかに、わたしがお世話になっていた家族が所属する村はその時点で「礼の祭宴」を行っていなかった。しかし、八月はまだ「パンノキの実の季節」であり、「ヤムイモの季節」の最盛期がふさわしいとされる「礼の祭宴」の時期（通例は一〇月や一一月）としては、はるかに早いと考えられた。有名な歴史家が暦を読み間違えるわけはないと思いながらも、かれの「遅い」という発言は、ポーンペイ島の独特な暦を学習しつつあったわたしを混乱させるには十分であった。さらに、調査を進めるなかで、この村だけではなく、少なからずの村がヤムイモの初物献上と「礼の祭宴」を早い時期に実施していることがわかってきた。

「一体どうしてこんなことが起こるのだろうか」――当時のわたしはますます、ポーンペイ島の独特な季節と初物献上の関係に興味を惹かれていった。

3　初物献上のゆくえ

本書の姉妹編『ラウンド・アバウト――フィールドワークという交差点』のなかで、渡辺文は、文化人類学の「フィールドワークでは、答えではなく問いを探さなくてはならない」［渡辺 二〇一九：一五〇］と述べているが、当時のわたしはまさに「初物献上が季節に沿って行われないのはなぜか」という問いを手に入れたのだ。

前節のクリアンの語りにわたしが違和感を覚えてほどなく、この問いに対する最初の手がかりが、島民の口から語られた。島民たちがわたしの問いかけに対して「それは、最高首長の『お考え』（kupwur）次第だ」と説明してくれたのだ。

といっても、これだけではまだ満足できない。「最高首長の『お考え』はどのようなものか」という新たな問いが浮かんでくるからだ。ただ、わたしはその時点で、この最高首長の「お考え」がどういったものかを知っていた。フィールドワークで断片的に得る情報の多くは、いつどのように有用なものになるのか、意外とわからない。問いを追うといっても、順番が前後することや、帰国後にやっと情報と情報のつながりを見いだすことも少なくない。そのなかで、ぼうだいなデータとの格闘によって、あるいは、偶然の気づきによって、点と点が結ばれる瞬間は、問いがふかまる瞬間のひとつである。

さて、最高首長の「お考え」は、一年に一度の集会の場で表明される。わたしはそれより二年前の集会で、最高首長が「次年度の六月に『礼の祭宴』を開催するから、それぞれの村は八〇〇ドルを献上するように」という発言をしていたのを記録していたのだ。ヤムイモの初物献上儀礼ではヤムイモが展示されるが、クライマックスとなる「礼の祭宴」の献上物はもっぱら現金（アメリカドル）である。今日では、「礼の祭宴」が、最高首長に礼を尽くす場ではなく、最高首長からの「金の無心」の場になってしまった、と嘆く島民も少なくない。こうして考えると、最高首長が現金を早めに手に入れたいがために、「礼の祭宴」の時期を早めているという説明が成り立つだろう。クライマックスにあたる「礼の祭宴」の時期が早まれば、その前段階に実施されるヤムイモの初物献上儀礼の時期も必然的に早まり、「ヤムイモの季節」の訪れも早まるというわけだ。

そうなると、今度は、なぜ早い時期に最高首長が現金を欲しがるのかという、また別の問いを考えなければならない。そこで、わたしは最高首長が何のために現金を必要としているのかを探ることにした。わたしはほどなくして、二〇〇九年のみならず、二〇一二年にも最高首長が六月に「礼の祭宴」を要求していることを知った。ここでは、最高首長にとって、六月という時期がどのような時期であったかが問題であった。

なぜ六月だったのか。ある島民が「プロテスタント教会の行事があるからだ」とわたしに教えてくれた。ポーンペイ島のプロテスタント教会（ユナイテッド・チャーチ・オブ・クライストという宗派）では、一九世紀における福音伝道を祝して、毎年七月に「福音の周遊」という大規模な教会行事を執り行っている。行事の規模では「礼の祭宴」をはるかにしのぐといわれる「福音の周遊」は、プロテスタントの聖職者たちがそれぞれの首長国を訪問し、祈りをささげるとともに、多くの食物や贈り物を分かちあうというものだ。

二〇一二年の七月、聖職者の一団がウー首長国を訪問した際、大量の食物や贈り物を用意した人物は、首長国内にあるプロテスタント教会の牧師たちと、ほかでもない最高首長であった。なぜ最高首長が用意しなければならなかったのか。端的にいえば、かれが最高首長に就任以前にプロテスタント教会の牧師を務めていたからである。つまり、最高首長はプロテスタント教会における役目を成就させるために、食物や贈り物を用意したと考えられるが、これには多額の現金が必要である。その時期は、まさにかれの指示によってウー首長国のすべての村が「礼の祭宴」を催した直後の時期とかさなっていた。

ここまで問いを積みかさねてようやく、初物献上が早い時期に行われることの背景として、最高首長・現金・キリスト教会の特異な結びつきが浮かびあがる。オセアニアにおける貨幣経済とキリスト教の浸透が、植民地統治をふくめた諸外国からの影響に深く関係していることを考えれば、これは「時間と社会変化」という大きな主題［Bloch 1989 ; Burman 1981 など］にもつながる。簡単にいえば、地域に固有な時間というものを強調し過ぎてしまうと、変化を説明できないから、社会の組織化や人びとの実践と関連づけて、動きのあるものとして時間を考えなおそうというものだ。

　こうして、文化人類学者はフィールドワークのなかで見つけたオリジナルな問いを積みかさねながら理解を深め、ふたたび理論へと帰って考え続ける。それは遠回りな道のりではあるが、意外な驚きや発見に満ちている。わたしの試みが成功しているかどうかはさておき、こうした往還運動によってこそ人類学的感性が育まれるのだろう、とわたしは思う。

4　違和感の前提をめぐって

　このエッセイもそろそろ終わりに近づいてきたが、まだきちんと答えられていない問いが残っている。それは「クリアンはなぜ遅いと言ったのか」である。

　クリアンは、最高首長が六月に「礼の祭宴」をすると宣言したとき、「『礼の祭宴』は、『パンノキの実の季節』にやるものじゃない。六月に『礼の祭宴』をしたら、初物献上がいつになるかわからない」と不満をこぼしたこともある。そんなかれが、八月に「遅い」と言った背景について、もう少しだけ考えてみたい。

　クリアンがわたしに「遅い」と言った二〇一一年は、最高首長が「礼の祭宴」の時期について指示をしなかったため、半数以上の村が九月以降に「礼の祭宴」を行っている。したがって、かれの「遅い」という発言は、首長国全体のなかでのわたしの村の「遅さ」ではなく、あくまでかれ自身の村がすでに「礼の祭宴」を済ませているのに、わたしの村がまだ「礼の祭宴」を実施していないことを指摘したに過ぎないといえる。

そもそも、わたしがクリアンの発言に「なぜ」という問いを発したのは、それが「パンノキの実の季節」であるはずの八月にもかかわらず、という前提を読み込んでいたからである。しかし、社会学者の真木悠介が、アフリカのモシの人びとにかんする川田順造の文化人類学的な成果を引用しながら「新しい年のはじまるもろこしの収穫祭が『十月』であるか『二月』であるかということは、グレゴリウス暦〔グレゴリオ暦〕という外部の尺度によってはじめていわれる」〔真木 二〇〇三：八六、〔 〕内筆者補足、強調は原文のまま〕と述べるように、「八月なのに」という前提を差し挟むことは、抽象的な時間の尺度によって初物献上と「礼の祭宴」という具体的な出来事を客観的に切り取ることでしかない。むしろ、「パンノキの実の季節」や「ヤムイモの季節」は、初物を首長に献上するという行為によってきざまれる段階的な季節である。それは、たとえばヤムイモの儀礼的な使用という実質的な行為の解禁を伴うがゆえに、とくに端境期《はざかいき》には、どの村が初物献上をしたのか、『礼の祭宴』をしたのか、ということがむしろ関心事になるのだ（たとえば、どの村で葬式が行われたら、故人のためにヤムイモを持参してもよいのか、といった身近な関心がそこにはある）。

クリアンが島の「慣習」の識者として意見を述べる場面で、六月に「礼の祭宴」をすることの是非を問うたように、かれもまたグレゴリオ暦と対応させて季節を把握しているように思える。

だが、かれの村がひとたび初物を献上すると、かれにとっての季節は次の段階に進み、献上をしていない村を「遅い」とみなす認識が生まれる。

先に紹介した真木は、具体的で有限な事物や活動と結びつく時間のあり方を「具象の時間」［真木　二〇〇三：三六］と呼ぶ。わたしがこのエッセイで試みたことも、季節のサイクルをグレゴリオ暦のうえで客観的に把握することではなく、具体的な事物や活動との結びつきのなかで季節がいかにかわるのかを読み解くことにあったといえるだろう。

このエッセイではポーンペイ島の「季節」のほんの一端を描いただけであるが、文化人類学のフィールドワークは時間の流れをめぐる人びとの生きられた経験にせまれる強みがある。文化人類学者がスマートフォンを片手にフィールドワークにのぞむことも珍しくなくなった現在《いま》、その画面に映しだされる日付や時刻とは異なる時間の流れに対して、どのような問いを見いだすことができるのだろう。そこには豊かな可能性が広がっている。

❖参照文献

デュルケーム、エミール　一九七五『宗教生活の原初形態』（上）、古野清人訳、岩波書店。
真木悠介　二〇〇三『時間の比較社会学』岩波現代文庫。
渡辺　文　二〇一九「芸術を知るために舟を漕ぐ――フィールドワークの思わぬ行先」神本秀爾・岡本圭史編『ラウンド・アバウト――フィールドワークという交差点』一四一－一五二頁、集広舎。

Birth, Kevin　2013　Calendars: Representational Homogeneity and Heterogeneous Time. *Time & Society* 22(2): 216-236.

Bloch, Maurice　1989 The Past and the Present in the Present. In M. Bloch *Ritual, History and Power: Selected Papers in Anthropology*, pp.1-18. Athlone Press.

Burman, Rickie　1981 Time and Socioeconomic Change on Simbo, Solomon Islands. *Man*, New Series 16(2): 251-267.

第Ⅲ部

伝える

教育・歴史・記録

子にかける夢と迷い
「教育」を再考する

［ブルキナファソ］
清水貴夫

超高齢化社会、少子化社会と呼ばれる日本。日本の人口ピラミッドを見ると、将来にわたり、人の数が減り、若者が減っていくことがわかる。その一方で、本章のフィールドとなるアフリカ大陸の人口ピラミッドは美しい。若い層が多く、年代を上がるに従い、次第にその幅は狭まっていく。グラフを見ているだけでも、若い世代が社会を支え、時代を押し上げていることが読み取れる。以前は、若年層から青年層にかけての減少幅が大きく、大人になることの難しさが読み取れたものであるが、現在のグラフはそのようなこともない。これまで課題とされてきた、様々な問題が解決の方向に向かい、アフリカ大陸の諸社会が新たなフェーズに差し掛かってきたことの証左であるといってよいだろう。

「一七世紀には無視され、一八世紀に発見された子どもは、一九世紀には専制君主となる」。これは、フランスの歴史家フィリップ・アリエスが『〈子供〉の誕生』で、近代以降の人間社会における子どもの位置づけを現した一説である（アリエス一九六〇〔一九八〇〕―八九）。つまり、近代以前は小さな人間とされ、愛しまれることのなかった「子ども」は、近代において発見され、時代を下るにつれ、「子ども」は愛される存在とされていく。そして、一九八六年に発表された「子どもの権利条約」で、「子ども」は手厚く保護され、教育を施されることが国際的に普遍的な存在とすることが国際的に合意され、現代の子どもの位置づけが固まっていったのである。

そして、本章で語るアフリカ、ブルキナファソの家族社会学的な文脈でも、教育の拡充と共に、大家族から核家族へ、という欧米諸国の家族構成の変化と似通った経路をたどっている。私が調査地とするブルキナファソの首都、ワガドゥグ市でも、内外の取り組みにより、ほとんどの子どもたちが小学校に行くようになったばかりか、親たちは子どもたちをよりよい学校に入れることに血道をあげる、ということも珍しいことではなくなった。実際に、近年では、ブルキナファソでも公教育が充実し、粗就学率は三五・五％（一九九九年）から六九・一〇％（二〇一五年）へと急上昇した。急激な変化に制度が追い付かず、教員の質や教員の給与レベルでの問題を抱えてはいるが、公教育はブルキナファソの子どもたちにとっても、もはや当たり前に受けるものとなりつつある。のんびりと大らかに生きているように見えるブルキナファソの人びとにとっても、子どもたちが学校に行くことは当たり前のこととなったし、都市部においては特に教育熱の高まりを感じる。いずれ、ここでも受験戦争をはじめとする、よりよい教育を子弟に施そうとする親たちの姿を想像するに難くない。

本章で述べることとは、私たち人類学者にとって頻繁に起こる思考の一例である。つまり、他者

（ブルキナファソの教育）を知ること通して、私たちの当たり前（教育を受けること）を再考した、私の経験を伝えたいと思う。

1　クルアーン学校の調査を始める

本題に入る前に、簡単に私のフィールドのことを紹介しておこう。私がフィールド・ワークを行うのは、西アフリカの中央部のブルキナファソという国である。ブルキナファソはサハラ砂漠南縁に位置する乾燥した内陸国であり、近年まで特段これと言った資源もなく、主に天水農業による雑穀栽培が人びとの主たる生業である。ゆえに、この国は長らく「開発途上国」と呼ばれ、国際的な経済発展から取り残された地域であった。

現在のブルキナファソ、その周辺地域は、古くからイスラームの影響下にあった。政治的に見れば、周囲に、歴史上、いくつものイスラーム大帝国や王国が興ったし、ブルキナファソ最大の民族であるモシの王権が完全にイスラーム化したことはなかったが、一九世紀後半になるとムスリムの王が誕生した。それ以上に影響をもったのは、この地域に定住した、マンデ系、ハウサといった一部の通商民による民衆レベルからのイスラーム化で、現在根深く浸透したイスラーム文化の基礎となったことは間違いない。後者のイスラーム化の過程において、ムスリムの再生産を支えてきたのが、一般にクルアーン学校と呼ばれるイスラームの教育機関である。

現在では、それがどのようなものであったかを知る由もないが、ブルキナファソの諸民族の社会においても、教育的機能を持ったイベント、仕組みは間違いなくあったであろう。そのため、ブルキナファソで「伝統的な教育とはなにか」と問えば、多くの人がイスラーム教育を挙げる。それほどまでイスラームの教育は人びとの間に浸透していたのである。

筆者が「子ども」や「教育」、「学校」に関心を持ったのは二〇〇八年ころのことだった。それまでの二年間、私はワガドゥグのストリートで躍動するラスタマンたちの「アフリカ」表象についての研究を行っていたが、同じストリートの住人であるにもかかわらず、彼らよりもさらに若い世代の「ストリート・チルドレン」と呼ばれる子どもたちとの間の没交渉性が私の関心の原点だった。

シグ・ノーゲンのクルアーン学校

ストリートで生活する子どもたちに着目して、NGOでインターンをしながら調査を行ってみると、すぐに面白い話を聞いた。NGOの職員たちは、クルアーン学校の生徒「タリベ」が、「ストリート・チルドレン」の大半を占めるというのだ。タリベは物乞いをする。仏教僧による托鉢のように、人の慈悲を体に刻み込むという、宗教的な修行の一環として物乞いを行っているように見える。しかし、ブルキナファソでは、路上を彷徨うタリベたちもまとめて「ストリート・チルドレン」と呼ばれているということなのである。この関係性や、それぞれの当事者がどのような状況に置かれ、また、どのようにまなざされているのか、「ストリート・チルドレン」の全体像を知る上での重要な課題となるように感じていた。

ストリートの「子ども」に着目した私は、一般的な意味での「ストリート・チルドレン」への聞き取りを進めながら、クルアーン学校のタリベたちへのアクセスを試みた。タリベに接触するのは、路上で物乞いをする子どもたちに直接話しかけることが手っ取り早いが、やはり、クルアーン学校も訪問せねばならないだろう。それまでに知己を得ていたムスリムの友人たちからクルアーン学校のことは少し聞いていたが、話を聞く限りでそれほど難しいものだとは思われなかった。そこで、二〇〇九年からNGOを通した「ストリート・チルドレン」の調査を行う傍らで、クルアーン学校へのアクセスを試みるようになった。しかし、クルアーン学校だと言われる場所の多くは、ワガドゥグによくあるような中庭を囲む長屋形式の一室であることが多く、そこがクルアーン学校だと言われるまでは、全くわからないことが多かった。そして、最も大きな問題だったのが、マラブー（宗教職能者・クルアーン学校の教師）の誰一人として、私が学校を訪問することに許可を与えなかったことであった。それとなく周囲の知り合いたちに相談したが、それぞれがこうしたマラブーの対応に疑問を挟む者はいなかった。

そのころ、私はあるハウサの青年と知り合いになった。しばらくしてから、これまでのクルアーン学校調査のことを話し、調査を行うにはどのようにしたらよいかを相談した。彼は、それはムスリムでなければ難しいだろう、と述べ、ムスリムになる気持ちがあるなら、手配をしようという申し出を受けた。

そして、二〇一〇年七月、私はハウサ人街のモスクで信仰告白を行った。つまり、私は正式にムスリムになったのだ。このモスクは、クルアーン学校を兼ねていたため、そのままこのモスクにタリベたちと寝泊まりしながら調査させてもらうこととした。そして、モスクの責任者であるイマームは、A青年を新米ムスリムの私の指導係に任命し、ムスリムとしての振る舞いや、モスクでの生活の指導をするように申し渡した。彼は生真面目で物静かな気品のある当時二〇歳と青年だった。彼は若いながらに、モスクの前のキオスクをもち経済的に自立していたし、モスクではイマームの代理で礼拝を取り仕切ることもあった。私はしばらくの間、A青年の指導の下に置かれてムスリムの基本的なふるまいを学びながら調査を始めた。A青年のことは、のちにもう少し触れることにしよう。

筆者が調査を行ったハウサ人街のモスク

このモスクでの調査は、雨季中に行われたため、あまりの蚊の多さに閉口し、それほど長続きしなかった。しかし、その一方で、形式上はムスリムとなったこともあり、拒絶され続けたクルアーン学校の訪問調査を再開することとした。この後の調査は私をイスラームに導いたハウサの青年の協力を得て行われ、彼らが「この白人ムスリムがあなたのクルアーン学校を訪問したい」と調査許可を願い出るのだが、すると、マラブーたちの反応は劇的に変化し、多くのクルアーン学校が私たちを受け入れてくれるようになった。これが、私がムスリムになったことが理由なのか、助手のハウサ青年の交渉能力のためかは、はっきりしなかったのだが、いずれにしてもこの時あたりからクルアーン学校の調査は格段にスムーズになっていった。

しかし、なぜ外国人の非ムスリムがクルアーン学校訪問を拒絶されたのか。その理由は、クルアーン学校というブルキナファソにおける伝統的な教育システムが、児童労働などの問題と結びつけて考えられるなったことにあること、すなわち謂れのない後ろめたさに苛まれた結果の反応だということを次第に理解していった。外国人の私は、多くの場合、国際機関やNGOの関係者として、取り締まりのためだとみられていたのである。

こうしたクルアーン学校へのまなざし、そしてクルアーン学校の応答に見られるムスリム社会とムスリムを含む近代化推進派の関係性から生まれる軋轢は、ムスリム社会の中にも根深い。そして、二〇〇〇年代以降は、クルアーン学校の多くは、従来の寄宿制によるクルアーン教育をあきらめ、「フランコ・アラブ」といわれる、近代教育とイスラーム教育を折衷した形態に変容する傾向が顕著となった。そして、一九九〇年代後半ころより政府も条件を満たしたフランコ・アラブに対して私学としての認可を与えるようになり、イスラーム教育が教育制度の中に組み込まれるようになっていったのである。

2　学校の通い分け　宗教と将来

二〇一四年七月から八月にかけて、私はワガドゥグの北縁にあたるシグ・ノーゲン（現在はノーゲン）地区においてフランコ・アラブの調査を行った。シグ・ノーゲンは、ノン・ロティ（非分譲地）と呼ばれる未正規居住区で、ニューカマーの多い地区である。ブルキナファソの都市部では、新規参入者が先に居住地を定め、のちに行政が認可していくという方策を取り都市化に対応している。ワガドゥグ市内には、シグ・ノーゲンの他、数か所のノン・ロティが存在し、住民の多くがここ一〇年ほどの間に住み着いた人びとである。

この時に行ったのは、フランコ・アラブに子どもを通わせる家庭の、主に家族構成をはじめとする基礎的な情報を得ることであった。三〇軒の家庭を訪問しながら、そのうちのいくつかの家庭のケースで興味深かったのは、複数の兄弟姉妹がいる場合、一部を公教育、残りをフランコ・アラブに通わせていることだった。調査を行った家族すべてがムスリムであったが、子どもたちを別の学校に通わせるのは、宗教的要因以外に、親たちの公教育への独特の評価があった。親たちの学校選択の要因の傾向は、次の二つの点にまとめられる。

はじめに、公教育を受けさせる動機となるフランス語教育は、商行為一般において有利に働くと考えられている。とはいえ、最も安定する公務員など公的領域への就業が困難なブルキナファソにおいて、必ずしも公教育を受けることが就職に有利にはたらくとは考えられていない。逆に、フランコ・アラブで教育を受けさせることにより、マラブーという宗教的職能者への道が開けると考えられている。よって、小学校卒業資格さえ得られれば、いずれでもよい、という選択肢が開けてくるのである。逆に子どもたちの親は、複数いる自分の子どもの一人でも多くがより収入の多い職に就かせようと考えており、学齢期までにその子の資質を考慮し、それぞれの子どもに適していると考えられる教育を受けさせようとしていることも、この調査で明らかになった。そして、より多かったのは、「リスク分散」と彼らが表現するもので、どちらの教育がその子に適しているか、どちらの教育がよりよい仕事に結びつくのかがわからない、とするものである。

二点目が、社会と子どもの断絶への不安である。子どもたちの親の語りに多かったのは、公教育に子どもをやることで、伝統的な規範を習得できないことへの不安である。すなわち、フランス式の個人主義的な教育が行われるブルキナファソの公教育では、家族や年長者の尊重する心性を得ることは難しく、その結果、彼らの社会への適合が困難になっていくというものであった。

3　クルアーン学校で育った人びと

先ほど紹介したハウサ地区のモスクで私のチューターをしてくれたA青年に話を戻そう。イマームから私に一通りのことを教えるように言われると、A青年は礼拝の時間や習慣など、イスラームの生活やモスクでの暮らし方を一通り説明したのち、質問があれば何でも聞くようにいい、モスクの向かいにある自分のキオスクから私のことを眺めていた。私は彼のキオスクに貴重品などを管理してもらい、タリベたちと机を並べ、クルアーン学習を共にした。A青年はモスクに関わる人たちから食べ物をもらうと、しばしば子どもたちの分と一緒に私の元にもそれを届けてくれた。また、近隣の人から私の振る舞いについて指摘を受けると、一回り以上年上の私に対して、言葉を選んで優しく注意をしたりもした。

少し生活に慣れたころ、調査の手始めにA青年に彼の生い立ちを聞いてみることにした。朝から降っていた雨がやみ、彼のキオスクに行くと、ちょっと話をしないか、と言い、モスクに二人で座って話を始めた。少しずつ、A青年の顔を伺いながら、彼の出身地、ご両親のこと…と聞き出していくが、彼の顔色はすぐれない。そろそろインタビューを切り上げるか、と思い、最後の質問として、A青年の子どものころの様子を聞くと次のような答えが返ってきた。

「私の子ども時代は何もない。ただ、クルアーンに向き合っていただけだ。なぜそのようなことを聞くのだ?」(二〇一〇年七月二一日)

A青年はクルアーンを学ぶことの楽しさを語るわけでなく、その質問の意味自体を共有することができなかった。私はどこかでA青年の幼少期の親や家族とのキラキラした思い出を聞けるのを期待していたのかもしれない。しかし、幼少期に現在のモスクに預けられ、二十歳になるまで、親の友人であるイマームの下で、クルアーンの学習とモスクの雑事に明け暮れてきたA青年なりの回答だったのである。

私がかかわってきたブルキナファソのイスラーム社会の一定年齢以上のムスリムたちの多くは、A青年と同様、一般的な学齢期をクルアーン学校で過ごしてきている。当時のことをわざわざ語ってくれる人は多くないが、多くが日に五度の礼拝を欠かすことは少なく、酒、たばこもやらない。皆がA青年のように聖人然としているわけでなく、中にはとても陽気で話好きな人も多く、話をしだすといつまでも、私のつたないフランス語、モレ語（モシの言葉）を一生懸命に聞き、私にもわかりやすいような話し方をしてくれる。必ずしも宗教教育との因果関係があるわけではないが、時間を区切ってアポイントを取らないと会うことすら叶わない、「近代的」な生活を営む人びととはどこか差異を感じざるを得ないのである。

4 「教育」とはなんだったのか

教育そのものの目的に漠然と関心を抱き始めてから、何年も経った。これまでに多くの学者によって教育が語られてきた。フィリップ・アリエスがヨーロッパの近代史を辿りながら明らかにした学校の誕生、そして教育が一般化するプロセスを踏まえ教育や学校が現在の形になったのは、ごく最近のことであると指摘した。そして、イヴァン・イリッチが「脱学校論」として批判したのは、学校が子どもたちを画一的な生育環境の中に閉じ込めてしまうということであった。若干うがった見方かもしれないが、国際的な合意の中にある「教育」という営みは、その国、地域的な文脈に照らしてみれば、まだまだ流動性をもちうるものなのではないかとすら感じられる。

　現代のブルキナファソは教育の普遍化が完了しつつあるモーメントに置かれており、その流れは不可逆的なものかもしれない。別稿で述べたが（清水 二〇一七）、クルアーン学校の形態が変化し、ブルキナファソのフィールドに身を置くと、確かに、貧困の解決策としての教育は、国家レベルでの重要な課題であることは理解できるが、その一方で、オリエンタリストとの誤解を恐れずに言えば、この社会を維持してきた仕組みが強大な力によって捻じ曲げられようとしているのではないかとも思う。文化人類学者として、その変化を平常心で見つめ続ける努力はしつつも、一抹の不安、そして、「教育」とは何かを改めて問い直さずにはいられない。

❖参照文献

アリエス、フィリップ　一九六〇（一九八〇）「〈子供〉の誕生――アンシァン・レジーム期の子供と家族私生活」杉山光信・杉山恵美子（訳）、みすず書房。

イリッチ、イヴァン　一九七〇（一九七七）『脱学校化の社会』東洋・小沢周三（訳）、東京創元社。

清水貴夫　二〇一七「西アフリカのイスラーム教育機関の経営環境の変化と新たな展開」（藏本龍介（編）『南山大学人類学研究所主催・公開シンポジウム講演録『宗教組織の経営』についての文化人類学的研究』）南山大学人類学研究所、二二一―三七。

謝辞　本稿の元となった資料は、科研費（若手(B)(25770312)、総合地球環境学研究所サニテーションプロジェクト（No.14200107）による現地調査で得られたものです。記して謝辞といたします。

記述された歴史を語り伝える 外国人による歴史叙述の活用

［エチオピア］

吉田早悠里

1 歴史を語る

二〇〇四年、大学院の修士課程に入学した私は、「コーヒー発祥の地」として知られるエチオピア南西部カファ地方をフィールドとして、文化人類学の研究を始めた。私が最初に行ったのは、カファ地方に関する文献として社会人類学者オレント著『リネージ構造と超自然現象：南西部エチオピアのカファ』［Orent 1969］、ランゲ著『南部ゴンガの歴史』［Lange 1982］を手に入れて、読むことであった。そして、これらの文献から知識を得て、実際にフィールドワークを行うべく、エチオピアに赴いたのであった。

修士課程一年目にカファ地方で行った初めてのフィールドワークは、現地で話されているカファ語とエチオピアの実用語であるアムハラ語を覚え、現地の生活に順応することで時間が過ぎていった。その後、修士課程二年目に二〇〇五年八月から二〇〇六年二月まで調査を行った時には、カファ地方の歴史や社会、文化、宗教など、カファ地方の全体像を把握することの必要性を感じていた。そこで、まずは誰に話を聞かせてもらうのがよいのか、カファ地方の役場に勤務する人々に相談した。すると彼らは、私に一人のカファの男性を紹介してくれた。この男性は、アディスアベバ大学で歴史学の学士号を取得した後、カファ地方の文化観光局に長年勤務し、カファの歴史に詳しいとされる人物であった。後日、この男性は、筆者にカファ地方の歴史についてマンツーマンで簡単な講義をしてくれることになった。

カファ民族学博物館の内部。ビーバーの著書に掲載されている図が拡大されて，床に置かれている（2015年１月22日撮影）

この男性が待ち合わせ場所として指定したのは、カファ地方の行政都市ボンガに位置するカファ民族学博物館であった。この博物館は普段は閉め切られてたが、この男性が私のために特別に博物館を開けてくれた。男性と私が館内に入って、椅子に座った後、この男性は「あなたは、オレントやランゲが書いた文献を読みましたか」と私に尋ねた。私は、それらを既に読んだことを伝えた。この男性はうなずいた後で、館内に展示された解説文や地図を用いて私に説明をはじめた。しかし、私は講義に違和感を覚えた。この男性が説明する内容も、説明の際に用いられる博物館に展示された解説文や地図も、ランゲ［Lange 1982］の著作に記述されているものそのものだったからである。館内には、一九〇五年にカファ地方を訪れたビーバー［Bieber 1920］の著書に掲載されている図を拡大したものも展示されていた。どうやらこの男性は、オレントやランゲといった外国人が著した書物を読んで得た知識を私に教えてくれているようであった。そこで私は、それらについては既に文献を読んで知っているため、人々が口頭で伝えてきた歴史伝承について教えてほしいと伝えてみた。すると、男性は「カファ地方の年長者たちはカファの歴史を何も知らないし、彼らの語る歴史伝承は正しくない」と語った。

その後も調査を続けるなかで、カファ地方に暮らす人々が外国人の名前に言及しながら歴史を語る場面に、私は何度も遭遇した。カファ地方のマイノリティであるマンジョ男性にインタビューを行った時には、その男性はカファ地方の歴史に関してアムハラ語で書かれた書物を出してきて、そこに書かれている文章を音読しながら、マンジョの歴史について私に説明した。私は、人々が書物に書かれた内容を参照しながら、自らが生まれ育ったカファ地方の歴史を語ることに困惑した。

2 カファ地方と歴史研究

カファ地方には、一八九七年までカファ王国が繁栄していた。カファ王国は、アラビア半島との紅海交易の重要な産品である奴隷、コーヒー、麝香などの供給地として繁栄し、一八世紀にはカファ高地において最も強大な力を持つ王国であった［Lange 1982：180］。しかし、一九世紀末になると、エチオピア帝国の領土拡大を試みるメネリクⅡ世の勢力がカファ王国にも忍び寄るようになる。一八九七年、カファ王国は甚大な被害を出してエチオピア帝国に屈服した。カファ王国の最後の王は、首都アディスアベバへと連行され、カファの人々は王を失うこととなった。エチオピア帝国への編入以降、カファ地方の豊富な自然資源や人的資源は、エチオピア帝国によって搾取の対象となった。その後、カファ地方はイタリア統治期、ハイレ＝セラシエ帝政期、社会主義を標榜したデルグ政権期、そしてエチオピア人民革命民主戦線が率いる政権（以下、EPRDF政権）を経て現在に至る。

カファ地方で話されているカファ語は、文字をもたない。カファ語にアムハラ語の文字やローマ字をあてて表記することは以前から行われていたものの、その正字法が確立されたのはEPRDF政権になってからである。そのため、カファの人々がカファ語で書き記した歴史記録はない。他方で、カファ地方では、アフリカの各地でみられるように、多くの歴史が歌や口承によって伝えられてきた。口頭伝承では、技術、技能、時や季節、法、話し合いなどの記録や契約などが全て記憶され、そしてそれが世代から世代へ最小限の歪みで伝えられていくための信頼できるシステムが作り出された。こうした伝承を継承する者の多くが、高度に専門化されていた［トンプソン二〇〇二：五五］。

カファ王国では、歴史や文化を語り継ぐことを職能とする吟遊詩人（Shatto）が、文化変容と発

最後のカファ王ガッキ・シェロッチ（出典：クラウス・ビーバー）

展の創造的エージェントかつ歴史意識の保持者としての役割を担ってきた。カファ地方に伝えられる伝承では、最初の吟遊詩人の長は、精霊から全てを回想する力を与える薬を渡されたという。吟遊詩人の長は、カファ王の死に際して呼ばれて、王を讃える歌を演奏したという。また、語り歌や個人を讃える歌をうたったり、結婚式の場でうたったりした［Lange 1982：263］。しかし、一八九七年にカファ王国が崩壊すると、かつての慣習や在来宗教に基づく儀礼が行われることも減少していき、吟遊詩人がうたう場や機会は失われていった。加えて今日では、歴史や口頭伝承を知る年長者も減少している。

エチオピアでは、歴史研究はゲーズ語やアムハラ語で文字資料が残されているエチオピア北部およびエチオピア帝国の歴史の解明に集中してきた。他方で、一九世紀後半にエチオピア帝国に征服・編入された南西部の歴史は等閑視され、研究は著しく立ち遅れてきた。加えて、南西部はいずれも文字をもたない社会であり、歴史は口承によって伝えられてきた。こうした南西部では、文化人類学者による同時代的研究が盛んに行われてきた。

カファ地方には一九世紀からヨーロッパの旅行家、探検家、宣教師らがアフリカの森林に覆われた高地にあるまだ見ぬ王国を発見しようと訪れ、カファ王国の歴史や文化、習慣、言語についての豊富な記述を残している。一九六〇年代になると、オレント［Orent 1969］によって社会人類学的調査が実施され、カファ王国の歴史のほか、カファ社会の親族構造や宗教が明らかにされた。一九七〇年代に入ると、ランゲ［Lange 1982］によって歴史的視点から文献の比較研究や現地調査が行われ、カファ王国の歴史が明らかにされた。冒頭のカファ男性のいうオレントやランゲとは、こうした外国人研究者のことである。

3　外国人による歴史叙述とその評価

カファの人々が自らの歴史を語る際に、書物や外国人による歴史叙述に依拠するのには、いくつかの理由が考えられる。あるカファの男性は以下のように語っている。

カファ地方には何も残されていない。全てドイツ、イタリア、フランスなど海外にある。カファ地方では、二〇世紀に何人もの外国人研究者が調査を行い、その成果を記している。例えば、ブラトヴィッチ、ビーバー、オレント、ランゲなどがいる。カファの歴史を記したのは、カファ地方で生まれ育った者ではない。この理由は、カファ地方には歴史や文化、言語を知る者がいなかったためである。カファ王国がエチオピア帝国に征服された際、形あるものは略奪され、家屋や宗教的な建物は燃やされ、人々は命を落とし、土地を去り、文化も失われてしまった。そのため、ここには何も残っていない。カファで歴史を書いた者はいない。外国人のおかげで歴史が残されている。

エチオピア帝国への編入により、カファ社会は多くのものを失った。エチオピア帝国の支配のもとでは、カファ地方にアムハラの行政官が訪れ、その自然資源や人的資源が激しい搾取の対象となった。カファ地方の住民のなかには、奴隷として別の地に連行される者や、他の土地へ逃れ去る者もいた。また、アムハラの文化やエチオピア正教がもたらされるなかで、自らの文化や歴史、信仰について語り、実践し、それらを継続することは困難となったのである。

今日、カファ地方の歴史を明らかにすることを望んだとしても、過去の歴史や口頭伝承を知る年長者の多くはすでに死去している。二〇〇〇年代半ばから後半にかけて私が聞き取り調査を行った際も、ハイレ＝セラシエ帝政期より前の具体的な話を聞くことは極めて難しかった。そうした状況のなかで、カファの人々が自らの歴史を語る際に、外国人の歴史叙述に頼るようになっているのである。

こうしたなか、外国人による歴史叙述をカファ地方に暮らす人々に紹介する役割を果たしたものがふたつある。ひとつは、エチオピア国内で広く流通するカファ地方の歴史に関する三冊の書物である。これらの書物は、いずれも外国人による歴史叙述を広範に引用してアムハラ語で書かれている。カファの男性タクレ［Täkle 1992/93］が著した『カファの歴史　一三九〇～一八九七

年 アントニオ・シェチ（原文ママ）』には、タイトルにイタリア人アントニオ・チェッキの名前が冠されている。また、カファの男性アルガウ著『カファの人々の歴史的起源』［Argaw 1994］や、ベケレ著『カファの人々と政府の短い歴史』［Beqele 2010］では、オレントやランゲのほか、一九世紀末から二〇世紀初頭にカファ地方を訪れた外国人が著した書物や論文が数多く引用されている。カファ地方に暮らす人々は、外国人が著した書物や論文を実際に読むことができなくとも、こうしたアムハラ語で書かれた書物を通してカファ地方について記述を残した外国人について知るのである。

もうひとつは、エチオピア国内の大学に進学したカファの学生たちが、大学の図書館で自らの出身地カファ地方に関して外国人が記述した書物や論文を実際に手に取るようになったことである。そして、こうした学生たちが外国人の歴史叙述をカファ地方に紹介するようになっているという。ただし、外国人が著した書物や論文は、英語、ドイツ語、イタリア語、フランス語、ロシア語など、さまざまな言語で書かれている。実際のところ、英語以外の言語で書かれた著作を読みこなすことができるカファ地方出身者は多くない。そのため、彼らが原文で読むものは、英語で書かれたオレントとランゲのものになる。冒頭のエピソードで、カファの男性がオレントとランゲの名前を知っていたのも、こうした背景による。

こうしたアムハラ語で書かれた書物や、外国人による歴史叙述に対して、カファの人々が疑義を挟んだり、批判したりすることはほとんどない。アムハラ語の書物を著したタクレとベケレは高等学校の教師であり、アルガウはデルグ政権期にカファ地方の行政官の職に就いていた。彼らがカファ地方では広く知られた人物であることも、カファの人々が彼らの記述を批判しない理由として考えられる。また、外国人の場合は、一世紀や半世紀前にカファ地方を訪れて歴史叙述を残しており、カファの人々のなかにはこうした外国人がカファ地方の歴史を書き残してくれたとして彼らに対する感謝の念を語る人も少なくない。

エチオピアでは郷土史や地方史についての教育は、ほとんど行われていない。そのため、カファ地方で生まれ育っても、自らの民族の歴史や文化について学ぶ機会は乏しい。こうした書物は、カファ地方で生まれ育った人々が、自らが暮らす社会の歴史を知り、自らのアイデンティティを確認することを可能にする貴重な資料のひとつなのである。

4 外国人による歴史叙述がカファ社会にもたらす影響

本稿で述べてきたように、外国人によって書かれた歴史叙述や、それらに依拠してアムハラ語で書かれた書物がエチオピア国内で流通するようになるなかで、こうした書物がカファ地方に暮らす人々の歴史認識やアイデンティティの形成に影響を及ぼすようになっている。

近年、カファ地方では歴史の語り手や郷土史家とされる人々をふたつに大別することができる。ひとつは、実際に自らが経験したり、年長者から聞いたりして過去の歴史を知る人物であり、も

国立コーヒー博物館（2015年８月２日撮影）

うひとつは、大学で歴史学を修めた人物や、書物から知識を得た人物である。特に、現在は後者が増えつつある。川田順造は、その土地の「識者」や「民俗学や郷土史研究に興味のある人」の話には、気をつける必要があると指摘している。それは、彼らの話のなかには、書物などから得た知識が、土地の伝承に混じったり、土地の伝承を作り替えたりしていることがよくあるためである［川田 一九七六：一五］。本稿の冒頭でのエピソードは、まさに書物から得られた知識がカファの人々の歴史認識に大きな影響を与えていることを示すものである。

またカファ地方では、一九九一年からのＥＰＲＤＦ政権のもとで、伝統的な文化や歴史の復興の動きが活発化している。冒頭のエピソードで出てきたカファ民族学博物館のほか、カファ王国の王宮が復元されたり、伝統的な集落を復元した野外博物館も建設されたりしている。さらに、カファ地方の行政都市ボンガに建設された国立コーヒー博物館には、カファ地方の文化や歴史に関する常設展示室の設置が計画されている。

こうした動きのもとでは、伝統的な「正しいカファの歴史や文化」の再現や復元にむけて、外国人による歴史叙述がしばしば参照されている。しかし、外国人による歴史叙述は、必ずしも「正しいカファの歴史や文化」を記録したものであるとはいえない。そこで記述される内容は、外国人研究者がカファ地方で調査を行った際のインフォーマントの年齢や性別、社会的立場などに左右されることはもちろんのこと、外国人研究者の関心や解釈、意図も織り込まれている。加えて、こうした外国人による歴史叙述をもとに再現されたり復元されたりするものは「正しいカファの歴史や文化」ではなく、カファの人々が「正しいと考えるカファの歴史や文化」であって、人々の恣意的／非恣意的な解釈や意図を含み込んだものになる。そこには、カファの文化を固有のものとして強調し、それを政治的に活用しようとする意図も織り込まれるかもしれない。人々が「正しいと考えるカファの歴史や文化」が博物館における展示や儀礼という具体的な形を伴って人々の目に触れるようになる場合、それは書物とは異なる形で、年齢や性別にかかわらず、カファの人々の歴史観やアイデンティティの形成に深い影響を及ぼすようになるだろう。

ところで、二〇一六年頃から、私が英語で書いた論文をインターネット上で発見して読んだというカファの人々からフェイスブックなどのSNSを通じて連絡をもらうようになった。私自身が書いた論文がカファの人々にどのような影響を及ぼすのかについても、注視していきたい。

❖参考文献

川田順造　一九七六『無文字社会の歴史――西アフリカ・モシ族の事例を中心に』岩波書店。

トンプソン、ポール　二〇〇二『記憶から歴史へ――オーラス・ヒストリーの世界』酒井順子訳、青木書店。

Argaw Belay 1994 *Ye Kaficho Hizb Tarikwa Minči "Nocho Wodebusho"*. Awasa.

Bekele Woldemariam 2010 *The History of the Kingdom of Kaffa: The Birth Place of Coffee 1390-1935*. Association for Research and Conservation of Culture. Indigenous Knowledge and Cultural Landscape.

Bieber, Friedrich J. 1920 *Kaffa: Ein altkuschitisches Volkstum in Inner-Afrika. Nachrichten über Land und Volk, Brauch und Sitte der Kaffitscho oder Gonga und das Kaiserreich Kaffa*. Erster Band. Aschendroffsche Verlagsbuchhandlung.

Lange, Werner J. 1982 *History of the Southern Gonga (Southern Ethiopia)*. Franz Steiner Verlag.

Orent, Amnon 1969 *Lineage structure and the supernatural: the Kafa of Southwest Ethiopia*. Boston University. African Studies Center (Ph.D. Thesis).

Täkle Shaligito Shaqo 1992/93 (E.C.1985) *Käfana Tarikwa kä 1390-1897 kä Anətoniyo Šiči (sic)*. Addis Ababa.

文書のなかの固有名

インデックスとしての人格と地格

[ブルキナファソ・フランス]

中尾世治

私は、西アフリカのブルキナファソという国の歴史研究をしている。ブルキナファソでいろいろな人から、過去の話を聞きとったり、ブルキナファソやフランスの――ブルキナファソはフランスの植民地であった――公文書館にいき、植民地統治期の行政文書を読んだりして、どのような歴史があったのかを整理し、分析している。

二〇一三年一〇月、私は、ブルキナファソの農村での聞き取り調査を一段落して、首都のワガドゥグにある国立公文書センターに通い始めた。その頃は、私は罪悪感のようなものを覚えていた。クーラーが効いて、こんなに涼しい場所で仕事をしていてよいものだろうか、と。しかし、ここはここで、大変なところであった。忍耐を要し、大いに疲れ、身体が痛くなる。

何年間か、公文書館に断続的に通うようになって、私は、公文書館も一つのフィールドであると捉えるようになった。そこには、いくつもの「文書の世界」がある。

文書には、何らかのフォーマットがある。公文書館に収められる行政文書は、その典型だが、書かれるべき項目があり、決まった書き方がある。そして、行政文書は、たいていの場合、先行する文書を明示的・暗示的に言及・引用し、相互にネットワークをつくっている。言い方を変えれば、行政文書には、そのフォーマット自体に、ある種の意図が埋め込まれ、書き手と宛先は、特定の役職にある具体的な人物＝人格となり、文書間のネットワークは、こうした意図によって方向付けられた人格どうしのやりとりになっている。意図と人格によって形作られる世界は[Pina-Cabral 2017]、ここでは文書によって基礎づけられている。このような文書自体が構成する「文書の世界」に、私は目の前の文書を読みながら分け入っていった。

文書を読み込むなかで、私は、ある行政文書を書いた植民地行政官の意図を「わかった」と感じた。それは、大げさにいえば、「文書の世界」の一部を理解することであり、文書だけではない世界の一部を理解することでもあった。

公文書館での史料調査をおこなう研究者として、私は、特にめずらしいことをしているわけではない。しかし、私にとっては、公文書館で史料調査をおこなっている経験それ自体が、史料の内容を読んで理解することとは異なる「理解」をもたらした。つまり、公文書館というフィールドでの「わかる」と思われた経験とその内容について、ここでは書いていこうと思う。

1　公文書館というフィールド

公文書館では、たいてい、所蔵する文書のカタログがある。カタログには、文書ごとにわりふられた番号（請求記号）が記載されており、一行程度でその内容が書かれている。利用者は、そのカタログを読み、自分の研究に関連しそうな文書をチェックし、その文書の請求記号を控えておく。そして、公文書館の係りの人に請求記号を伝え、あるいは、公文書館のパソコンに請求記号を入力し、係りの人が、その請求記号の文書を保管場所からもってくる。

ワガドゥグの国立公文書センターの場合、文書の種類によって異なるのであるが、おおまかにいえば、数枚から十数枚の史料が、ひとつの文書の請求記号に対応している。したがって、一回請求するごとに、数枚から十数枚の史料しか出てこない。カタログには、自分の研究に関連しそうなことが書いてあっても、実際にみてみると、まったく当てがはずれたということはよくある。

ワガドゥグの場合、午前午後の交代で、基本的に一人の担当者が対応してくれる。しかし、彼がいつもいるとは限らない。文書を出してもらった直後に、「はずれ」とわかっても、彼が何らかの用事で一時間ぐらい不在ということもある。もちろん、彼らも気を使って、請求記号が連番になっていれば、一度にそれらを運んできて、デスクの上に取り置きしてくれる。それでも、特定のテーマに沿った史料を網羅的に読み込もうとすると、大いに時間がかかる。一日中作業をしても、ほぼすべて「はずれ」ということもよくあるからだ。

一般的にいって、仏領西アフリカの公文書は保存状況がわるい。植民地全体の年次報告書などの植民地行政の根幹にかかわる定期報告書にすら、多くの欠番がある。他方で、不定期でなされる監査報告や特定の事件で作成される捜査報告などに、決定的に重要な事柄が書いてることがあったりする。つまり、少なくとも仏領西アフリカを対象にする場合、史料調査は、宝さがしのような一面をもっているのである。

このように書くと、何とまあ、いい加減なものだと思われるかもしれない。しかし、人類学者によるフィールドワークもまた、ある意味では、宝さがしのような側面がある。もちろん、人類学者のフィールドワークのやり方は千差万別で人それぞれである。しかし、フィールドサイエンスの醍醐味として、フィールドでの偶発的な出会いや「発見」が、あらたな探求を生じさせていくという点は、広く共有されているものであろう。そうしたことは、たしかに宝さがしのような一面をもっている。

史料調査とフィールドワークには、他にもいくつかの共通性がある。それは固有名の理解である。

私の場合、対象地でのフィールドワークが先行したため、その地域の現在の村々の名前や有力な一族（クラン）の名前をある程度理解してから、一九世紀末から二〇世紀前半の文書を読んでいった。そのため、自分が実地で調べた地域の行政文書はある程度、すぐに理解できた。しかし、地域が異なってくると、途端に理解が困難になる。この土地はどこのことなのか。この人物は誰で、どのような政治的な立ち位置なのか。なぜこのような出来事がこの土地で生じたのか。こうした文脈を理解することが難しくなるのだ。

こうした固有名の理解は、フィールドワークでも、よくあることだろう。村のなかの人間関係から始まり、周辺の地名や有力者の名前などを徐々に覚え、そうした固有名に付随した事柄を頭に入れていくことで、人びとの語りの内容が理解できるようになっていく。そうした過程は史料調査と共有したものであろう。

もちろん、具体的に行っていることは異なる。それでは、公文書館の史料調査で、私は何を行っているのか。ごくふつうの歴史研究者としての営みを、すこし内省的に考えつつ、書いてみよう。

2　大量の文書をさばくには

フランスの旧植民地のかつての行政文書——行政に必要とされる地域ごとの種々の情報や報告などの文書——は、フランスにも多く残されている。その代表的なものが、南仏のエクサンプロヴァンスにあるフランス国立海外公文書館である。

二〇一五年三月、ここで初めて調査をしたとき、文書の数の多さに、私は驚愕した。一つの請求記号に対応した一つの箱（カートン）のなかに、二〇〇〇枚を超える文書が入っており、ほぼすべての請求記号で、そのようになっていたからである。大きな宝の山をみたような興奮とともに、これは大変だ……と思った。

私の場合、公文書館で、じっくりと史料を読むことは、あまりない。時間がもったいないからだ。当たりをつけて、関連する可能性のある文書はすべてデジタルカメラで撮影し、その日のうちに写真のデータをフォルダにわけ、帰国後に史料をじっくり読んでいく。

後日、よく読んでみると、「はずれ」であったということもよくある。一方で、あれを撮っておくべきだったと後悔することも、ワガドゥグでの調査の後に経験していた。こうしたことから、関連しそうなものはすべて撮るというのは、ひとつの原則であった。

とはいえ、いかに身体を酷使して同じ態勢で、昼食抜きで、すばやく写真を撮り続けたとしても、一日当たり一万枚にも及ばない。一つの箱に入っている文書をすべて撮ることは、現実的ではないし、「はずれ」も多くなる。かといって、一つ一つ、じっくりより分ける時間はない。したがって、関連しそうなものを一目でみて、すぐにより分ける、という作業をすることになる。

私の調査の関心は、ブルキナファソ――植民地統治期はオート・ヴォルタ植民地という行政単位であった――の中央部のムフン川湾曲部の歴史にあった。オンライン化されたカタログに、オート・ヴォルタと入力して、ひっかかったもののなかから、明らかに関連しないものを除いて、すべての箱を一つずつ請求する。つまり、オート・ヴォルタ植民地の一部の地域についての文書をさがすために、まず、オート・ヴォルタという単位で検索した文書を請求する。

しかし、それらの文書群には、当然、オート・ヴォルタ植民地の範囲の別の地域の文書も多く含まれている。私が行うのは、ひたすら、紙をめくって、自分の調査地やその周辺の地名、あるいは関連する人物の人名が、文書に出現してくるかどうかを確認する作業である。いわば、電子データの文書による文字検索を人力でやっているようなものである。

しかし、人間はコンピューターではない。半日以上やっていると、疲れてくる。一つの箱のなかに入っている文書の山の半分が過ぎても、関連する文書が出てこない、ということも、しばしば、ある。だんだんと投げやりになってくる。もう、この山には、何も無いんじゃないかと思えてくる。しかし、何かが出てくるかもしれない。諦めてはいけない、と自分を奮い立たせて、また紙をめくる……。

このように、私は、主として、地名と人名に着目しつつ、大量の文書をさばいていた。もちろん、別のテーマに沿って、史料を探すときには、別のやり方をとっていたが、特定の地域の歴史に関連する情報を集めようとしたとき、地名あるいは人名はほぼ必須の情報であった。どこで生じた／誰による出来事についての情報なのか、どこ／誰についての情報なのか、こうしたことがわからなければ、ほとんどの場合、私の調べている地域に関連するものなのかどうかも、わからないからである。

3　植民地行政官の意図が「わかる」

私は、当初、タイプされた文書を読んでいたのだが、研究の対象となる時代の範囲をひろげて、より古い時代である一八九〇年代の手書きの史料を読み進めるようになった。そうした文書を写真にとりながら、私は、ある文書に出会った［Archives Nationale d'Outre-Mer FM SG SOUD/I/10 Situation Politique du Soudan Français, au 1er janvier 1897.］。その一部を抜粋する（下線・（）は原文、［］〔〕は引用者が補った）。

東部地域とマーシナ

ヴレ遠征

〔征服を終えた統治下の地域〕内部。状況は良好。フィトゥカ［の人びと］〔地域名〕、［われわれは］彼らをサラフェレ〔町名〕の停泊地に編入した。ジルゴジ〔国名・地域名〕は支障なく彼らの人頭税を支払った。

ダコル〔地域名〕（ハベ〔民族名・他称〕の土地）は、地域総督、アギブ〔国王名〕、関連する村々との間での合意によって、最終的に組織化された。それ［ダコル］は、村々の共通性によって、六つのグループに分割された。人頭税［については］、ティジャーニーが所定の方法で捕えられた時と同様に、アギブとその代表者への支払の割当が決定された。

アフメト・パッファ、アリビンダ〔国名〕の首長は、善意と、忠誠の誓いとして、〔複数の〕馬を送った。

ウイディ〔国王名〕の指令についてのサモ〔民族名〕の土地の扇動は沈静化した。この沈静化が決定的なものとなるように期待しなければならない。

ウスマン・ウマル〔国王名〕の土地における扇動は続いている。われわれの政策係官は、反乱を協調へと移行させる努力をいっそう拡大させている。


この文書は、仏領スーダン植民地（現在のマリ）の一八九七年一月の月次報告書である。この当時、フランス軍は、仏領スーダン植民地を拠点として、南下を始め、現在のブルキナファソへと「征服」を続けていた。この月次報告書では、仏領スーダン植民地各地の治安状況が簡潔に書かれている。

仏領スーダン植民地は、のちの時代に正式な行政区分となる、いくつかの「地域」に区分けされていた。二重線は、そうした「地域」を指す小見出しである。そして、小見出しのなかに、その「地域」の情報が書かれている。ここで示した文書の場合、「東部地域とマーシナ」（マーシナは地域名である）の情報が書かれ、そのなかでも、すでに「征服」をおえた「内部」と、これから「征服」をおこなう「外部」とに分けられている。

私の目を引いたのは、本文中の下線である。報告書の書き手が、定規を使って下線を引いたのだろう。二重線と同様に真っ直ぐの線が引かれていた。本文中に下線を書き込んでいる報告の数はほとんどない。しかし、この報告書の書き手の意図を私はすぐに了解した。そう、この方が断然、わかりやすいのだ!

私は、過去に何があったのかという歴史の再構成のために、過去の報告書などの文書を読んでいった。大量の文書を前にして、地名と人名に目を凝らして、それらの固有名があらわれると、その固有名に何が生じたのか、その固有名が何をしたのか等々の情報を整理していた。そして、意図や観点は異なるが、過去の行政官や軍人たちもまた、特定の地域の情報を収集・集約し、理解しなければならなかったのだ。

下線は、地名や人名といった固有名を目立たせている。行政官や軍人たちは、地名や人名に情報を紐づけて理解していたのだろう。報告書の書き手は、気を利かせて、情報を紐づけるインデックスとしての地名や人名を分かりやすくするために、下線を引いたのだろう。大量の文書をさばくのは、歴史研究者だけではない。その文書を書き、運用していた行政官や軍人もまた、同様であっただろう。大量の文書を、地名と人名という固有名に着目して、より分けるという作業を通じて得た経験知が、この文書に下線を引いた書き手の意図を理解させたのである。

4　インデックスとしての人格と地格

私は、ブルキナファソの農村での歴史にまつわる聞き取り調査の経験から、地格という概念を提示した。すなわち、人類学における人格概念を敷衍し、「特定の固有名によって、インデックス化されて、過去の逸話と現在の役割を体現し、それらを喚起させる地名」を地格とした［中尾二〇一九：一二五］。人名の固有名もまた同様の機能を果たす［中尾 二〇一九：一二五―一二七］。

私は、ここでとりあげたような行政文書においても、統治のための認識枠組みのなかで、地名と人名という固有名が、地格と人格として機能しているのではないかと考えている。そして、この固有名の当てはめ方の誤りによって、フランス軍は状況を的確に認識できなかったのではないかと思われる。

たとえば、さきの引用であらわれたサモは、民族名である。一八九七年一月時点では、サモの「扇動」は「沈静化した」とされている。しかし、実際には、数か月後に、サモの一部の村々による反乱が生じている。これは、サモという民族を固有名にして、「サモが○○した」というような記述によって情報を蓄積することによる錯誤である。そもそも、サモの村々は、サモという民族として一致した行動をとっているわけではなかった。個々の村々の親族関係や同盟関係があるだけであり、それぞれがその立場と状況に応じて、フランス軍に対して融和的であったり、敵対的であったりしただけであった。

フランス軍は、サモという固有名――民族名という集合的人格――に、サモとされる民族の個々の村がとった過去の行動の情報を付随させていた。そして、それらの情報に基づいて、サモという集合的人格を、統治上の関心に基づいて、親フランスか反フランスかという立場に、その場その場でふりわけていったのである。こうした認識＝記述の方法をとると、サモは、数か月前には融和的であり、すぐのちに敵対的になる、ということになる。そうしたこともあってか、一八九七年十二月には、サモを含む、この地域の国家をもたない諸民族は「アナーキー」であると評されるようになる。サモという民族名を集合的人格として把握していたフランス軍は、サモに集合的人格としての一貫性を見出すことができず、混乱していたのである。

公文書館というフィールドでの「理解」は、聞き取り調査を行っていた農村でのフィールドでの「理解」と、固有名という概念を通して繋がり、歴史の分析へと展開していった。しかし、それは、特定のフィールドに限定されない。インデックスとしての固有名とその記述は、そこかしこにあふれている。たとえば、「トランプ大統領は非核化交渉の再開を望んでいる」などといった文を、われわれはどのように「わかっている」のだろうか。固有名を主語にして語るとき、われわれは人格や地格にふれながら、どのように世界を理解しているのだろうか。

❖参照文献

中尾世治　二〇一九「地格——場所の人格について」『ラウンド・アバウト——フィールドワークという交差点』神本秀爾・岡本圭史（編）、一一六—一二八頁、集広舎。

Pina-Cabral, João de　2017 *World: An anthropological examination.* University of Chicago Press.

集合的人格における融即と責任

レヴィ＝ブリュルとモース

［日本］
中尾世治

われわれが日常的に行っていることには、驚くべき不思議なことが多くある。たとえば、「トランプ大統領は非核化交渉の再開を望んでいる」という一文がある。これは、ドナルド・トランプという個人だけでなく、第四五代（二〇一九年時点での現職の）アメリカ合衆国大統領、同国の政府のトップとして、「非核化交渉の再開」を望んでいるということである。「トランプ大統領は非核化交渉の再開を望んでいる」という一文を読んで、われわれは、ドナルド・トランプというある一人の個人が何を望んでいるのか、ということだけではなく、アメリカ合衆国政府が何を望んでいるのか、ということも、同時に理解しているのである。つまり、ドナルド・トランプという個人は、その役職のために、コンテクストによっては、その役職を体現した人物となっているのである。われわれは、ごく普通に、そのような文をつかったコミュニケーションを行っている。

これは、不思議なことではないだろうか。一人の人物が、その人個人だけではなく、現実には目に見える物体として存在していないアメリカ合衆国（政府）をも、体現しているのである。ドナルド・トランプという個人が、アメリカ合衆国大統領であることに、恥ずかしさを感じるアメリカ合衆国国民もいれば、誇りに思う同国民もいるだろう。あたかも、特定の個人が、アメリカ合衆国を体現しているように、われわれは理解し、感じることができてしまうのである。あるいは、アメリカ合衆国（政府）の政治的な決定の最終的な責任はアメリカ合衆国大統領に帰せられることになり、そのこともまた、ごく当然のこととして、われわれは理解し、感じてしまう。

もちろん、こうしたことは、大統領という特殊な立場に限定されない。市長、社長、あるいは、課長等々の役職につく個人について、同様のことを想定できる。あるいは、家族の一員として、学校の、会社の、グループの、組織の一員として、個人の言動が把握される状況においても、同様である。つまり、ある特定の個人の振る舞いを、個人としてのものだけでなく、集団としての振る舞いとしても、二重写しにわれわれは理解し、社会生活を成立させている。

こうしたことを、フランスの人類学者のレヴィ＝ブリュルとモースの思想を中心に考えてみようと思う。モースは日本でも再評価が広く知られるようになったが、レヴィ＝ブリュルは、現在の日本の人類学では、ほとんど言及されることもない。しかし、近年、フランス語圏やポルトガル語圏の人類学者や哲学者による再評価・再検討が著しく進捗している［たとえば、Keck 2007; Deprez 2010; Merllié 2012; Hirsch 2013; Averoldi 2013; Pina-Cabral 2018］。こうした近年の研究成果を踏まえつつ、個人と集団の二重写しを、融即、集合的人格、責任の概念で説明しよう。

1　融　即

さきにとりあげた、アメリカ合衆国大統領についての一文は、われわれにとって、あまりにも自明のことであるために、不思議に思われないかもしれない。ここでは、もう少し馴染みの薄い話、トーテムと呼ばれる、特定の動物や植物を人間集団と結びつける慣行をとりあげてみよう。

『未開社会の思惟』のなかでレヴィ＝ブリュルは、ブラジルのある民族であるボロロという人びとが、「黄金インコであることを誇らしげに語る」という事例をとりあげている［Lévy-Bruhl 1910 : 77］。これは、「本質的なアイデンティティとして、一方ではまったきに人間存在であり、他方では紅色の羽毛の小鳥である」という主張である［Lévy-Bruhl 1910 : 78］。一見すると、非常に奇異な主張、驚くべき主張のようにみえるかもしれない。しかし、黄金インコをボロロという集団を表象するものとして捉えれば、集団としてのボロロに対応するものが黄金インコとして考えることができる。つまり、さきのドナルド・トランプとアメリカ合衆国（政府）における集団と個人の二重性がみてとることができる。

このように考えると、ボロロという人たちが個々人の人間であると同時に、ボロロという集団に対応した黄金インコでもあるということは、ドナルド・トランプが一個人であると同時に、アメリカ合衆国（政府）を体現しているということは私には同じ認識の枠組みにみえる。この認識の枠組みを、レヴィ＝ブリュルは融即（participation）という前論理的なものと名指している。融即とは、ある事物（によって表象＝代表〔représenter〕される集合表象〔représentation collective〕）とある人物（集団）が同一のものであり、その両者が一致するかのように捉え、感じることを指している［Lévy-Bruhl 1910 : 76-78］。ボロロは黄金インコという種の表象と融即することによって、ボロロという集団の全体と個人としての人物を同一視し、トランプはアメリカ合衆国大統領という役職を通して、トランプという個人がアメリカ合衆国（政府）と融即しているのである。つまり、ここでは、「ある存在がそれ自身であると同時に他のものであり、その存在がある場所にいながら、他の場所にもいることがあり、個人でありながら集合的である（個人としてのアイデンティティとその集団としてのアイデンティティを有する）」といったことが生じているのである［Lévy-Bruhl 1910 : 443］。

このように、融即とは、個人と集団とのつながりとそのつながりの認識枠組みであると理解できる。たとえば、ポルトガルの人類学者であるピナ－カブラルは、レヴィ＝ブリュルの理論を展開して、融即（participation）を、その動詞である participer（英語では、participate）、すなわち、参与・参加する、（費用・利益、感情を）分かち合う、（対象に）類似してくる、というニュアンスにおいて理解し、人間の社会性の根源の一つとして捉えている［Pina-Cabral 2018］。何らかの事物・生物・集団に参与し、その経済的なつながりや感情的なつながりを分かち合い、それらがゆえに、その対象に何らかのかたちで類似しさえする、そうしたことを融即として、理解ができる。

レヴィ＝ブリュルは、融即を「集合の要素＝帰属」(appartenance) とも言い換えている。「人格性 (personnalité) が帰属することへと拡張すること」、「そのことによって、それらの［個人の所有する］ものに対する行為が、そのものだけでなく、その個人にも影響を与えるのである」［Lévy-Bruhl 1927 : 146］。レヴィ＝ブリュルは「未開社会」の例を挙げているが、所有物に対する振る舞いが所有者に影響を与える、ということは、日常の中でもあるだろう。大切にしているモノを他人に無神経に触られたりしたとき、自分自身に怒りの感情が呼び覚まされるだろう。私の人格がそのモノへと拡張し、そのモノと私という人格が融即しているがゆえに、そのモノに対する無神経な振る舞いが、私の人格に対する無神経な振る舞いであるかのように、受け取られてしまうのである。そして、こうしたことは、ペットなどの生物、国・会社・学校・家族・共同体等々の組織や集団においても生じ得るだろう。

2　集合的人格と道徳

特定の個人が、集団と融即するとき、その個人は、その集団を表象＝代表する集合的人格を有する。集合的人格には、さまざまなものがありうるが、その最も代表的なものの一つである法人をとりあげておこう。

法人とは何か。『広辞苑』では、つぎのように定義されている。すなわち、「人ないし財産から成る組織体に法人格（権利能力）が与えられたもの」である。特定の組織が、あたかも人（法律用語でいえば、自然人）であるかのように、所有や相続などの権利を有するように捉えられたものが法人である。

レヴィ＝ブリュルの同僚で同時代に活躍したフランスの人類学者のモースは、法人が道徳的人格という言葉で表現されてきたことを指摘している。「「道徳的人格」（personne morale）という概念は、ローマ帝国全土において、紀元後すぐから（ローマではもっとはやい時期にも）、すべての擬制的な「人格性」（personnalité）に適用されるほどにすでに明確となっていた。われわれはいまだにそれらを「法人」（personnes morales）の名で呼んでいるのである」［Mauss 1950［1938］：357］。つまり、フランス語では、法人とは、直訳すると、道徳的人格となるのである。それでは、なぜ法人が道徳的人格と呼びうる特徴を有するのか。日本における商家の変遷と現在は、道徳的人格としての法人の性格をよく示している。

日本の商家の近代化の大きな転換点のひとつは、所有と経営の分離であった。興味深いことに、経営史研究の標準的な教科書では、所有と経営の分離が人格の変容として記述されている。「江戸中期以降の大商家の多くにおいては、所有と経営の分離がみられた。それは（中略）事業が［拡大して］主人のスパン・オブ・コントロールを超えたからであったが、それだけが理由ではなかった。（中略）何よりも、商家が当主個人の人格から独立した法人的性格を持つに至っていたからであろう」［宮本 二〇〇七：五六、強調は引用者］。「商家の当主は代々、鴻池は「善右衛門」、三井は「八郎右衛門」、住友は「吉左衛門」を名乗った。これらは個人名ではなく、屋号・法人名であった」[宮本 二〇〇七：五八]。つまり、商家の当主は「善右衛門」などの個人名であり、かつ屋号・法人名を有していたが、江戸中期以降、当主個人の人格を超えた商家全体の法人が出現した、とされている。

他方で、近年の民俗学による、かつての商家、老舗の現在を克明に描きあげた塚原の民族誌[塚原 二〇一四]からは、屋号・法人名と個人名との重なり合いが読みとれる。

塚原は、琵琶湖の湖東地域に位置し、近世において八幡町とよばれた八幡の山崎善兵衛家という商家に焦点をあてている。この商家では、代々、「麻善」の屋号と「山崎善兵衛」の名前を当主が引き継ぎ、この民族誌が書かれた当時、九代目の山崎善兵衛が当主であった[塚原 二〇一四：一一六]。襲名の際には、当主は戸籍名を変更し、その際、裁判所にこう説明したという。「家系図を持っていって説明したわけや。そして、今なぜ変えんねんという。まあ、今、商売するのに善兵衛やなかったら商売がしにくいんですよていうた。名刺があるから、その名刺を見せて。それは昔の名前の名刺や。店名って、この麻善ていう店名は、麻屋善兵衛の麻と善兵衛の善を取って麻善という店名をつけてんねやから、善兵衛という名前が必要なんですわ」[塚原 二〇一四：一一七]。つまり、山崎善兵衛という個人名は、その商家全体を指すものであるから、当主として襲名し、戸籍名を変更した方が、商売がしやすい、ということである。

他方で、山崎善兵衛家は代々、寺や町の役職につくことになっており[塚原 二〇一四：一二〇]、当主である山崎善兵衛は、そうした地域社会内部での社会的役割を果たす存在となる。あえて戸籍名までを変更する「『名前』へのこだわり」〔塚原 二〇一四：一五二〕は、山崎善兵衛という人格と道徳との結びつきを示している。塚原が指摘するように、襲名は「社会性をもったもの」であり、質素を旨とした家訓を背負うということであり、場合によっては、「教養」を必要とすること〔塚原 二〇一四：一五三—一五五〕であるからである。

つまり、山崎善兵衛という個人の人格は、山崎善兵衛家という商家全体を体現する集合的人格といえるだろう。そして、山崎善兵衛家が地域社会のなかで果たす役割や、山崎善兵衛家を成立させている家訓を体現する役割を、当主の山崎善兵衛として果たすことを通じて、個人の人格であり、同時に集合的人格である山崎善兵衛は、道徳的人格となっているのである。社会のなかでの重要な役割を体現しているがゆえに、社会の秩序を成立させている道徳を身にまとわなければならなくなる。

このように家という集団に個人が融即することによって、個人の人格が、集合的人格となり、その社会的な位置づけによって道徳的人格と同義となるのである。さらに、近代以前の商家において所有と経営の分離がなされる以前にあっては、商家の当主の集合的人格は、商家の経営を行う主体そのものであった。その時代においては、道徳的人格は、モースのいう全体的社会事象として〔Mauss 1923：32〕、すなわち、ある意味において宗教的であり、法的、道徳的、政治的、経済的、審美的な制度であるといえるのかもしれない（審美性については、正しい振る舞いが美しい振る舞いとして理解される状況を念頭においている。あるいは、当主の格好良さ、文脈を拡張すれば、ある種の粋な振る舞いといったことも想定できるだろう）。

3 責任

冒頭のアメリカ合衆国大統領の例にもどろう。「トランプ大統領は非核化交渉の再開を望んでいる」として、非核化交渉に失敗すれば、その最終的な責任はトランプ大統領にあるとわれわれは想定する。このように、アメリカ合衆国（政府）という集合的人格と融即しているがゆえに、アメリカ合衆国（政府）の外交交渉の失敗が、ドナルド・トランプという個人に責任を帰して考える。つまり、融即は責任の概念と結びついている。

レヴィ＝ブリュル研究を大きく更新したフランスの人類学者であるケックは、レヴィ＝ブリュルの博士論文が『責任の概念』という著作であることとその重要性を指摘している［Keck 2008：6, 48］。レヴィ＝ブリュルは『責任の概念』において、客観的責任と主観的責任を峻別し、のちの融即についての研究は主観的責任の内実を明らかにしていくものとして捉えることができるのである［Keck 2008：48］。

それでは、主観的責任と客観的責任とは何か。「われわれは、責任をつぎのように捉えている。すなわち、われわれは、［ある種の責任を］意思（volonté）から因果関係への関係として想像する。

この責任のタイプは、本来の意味での、道徳的責任である。またあるときは、反対に、われわれは、行為の結果を、その張本人（auteur）の人格（personne）に結びつける、意識との外在的な関係を捉える。すなわち、この責任のタイプは、法的責任である。ここで提示したことを手短に言い換えるなら、主観的責任と客観的責任といえる」［Lévy-Bruhl 1884：27、［ ］は引用者による補足］。つまり、一方では、意思と結びつけられた因果関係としての道徳的責任＝主観的責任を、他方では、行為をなした張本人による行為の結果としての法的責任＝客観的責任を想定している。

さきのトランプ大統領の例で考えてみよう。現実の非核化交渉は、大統領だけが行うわけではない。さまざまな人物がさまざまなレベルで交渉に関わっているだろう。こうした行為の連鎖の結果として、非核化交渉が失敗する。客観的責任という点では、こうした行為の連鎖をひもとき、特定個人の行為によって、交渉が失敗したと判定し、その行為を行った特定個人に客観的責任を見出すだろう。

しかし、主観的責任は意思によって因果関係を措定する。「トランプ大統領は非核化交渉の再開を望んでいる」のであれば、非核化交渉はアメリカ合衆国（政府）という集合的人格をまとったトランプ大統領の意思に見出すことができる。そして、非核化交渉が失敗すれば、それはトランプ大統領の意思が交渉を開始させようとし、失敗したというかたちで、トランプ大統領に主観的責任を帰することになる。実際のところ、非核化交渉が失敗すれば、主観的責任という点で、トランプ大統領に問題があったと考えるということがあってもおかしくはないだろう。

こうした例ではなくとも、ある組織に何か不祥事があったときに、その組織のトップが責任を問われるということはよくある。この場合、特定の行為の結果に客観的な責任を見出すのではなく、組織としての集合的人格に責任が問われるようになっているのである。私は、こうしたことが必ずしも一概に間違ったことであるとは考えていない。私自身も、レヴィ＝ブリュルのいう主観的責任が実在しているように感じているからである。

大統領という役職にあっても、その役職にある人物とその国そのものは同じではない。人物と国は異なるからである。単なるカテゴリー・ミステイクである。たしかに、「個人でありながら集合的である」[Lévy-Bruh 1910：443] という論理の矛盾をおこしているという点で、前論理的である。しかし、われわれは、こうしたカテゴリー・ミステイクを頻繁に行っているし、そうしたカテゴリー・ミステイクを前提とした組織と人間によって構成される社会を生きている。

『未開社会の思惟』の日本語版に寄せたレヴィ＝ブリュルの序文の最後には、こうある。「世の中には絶縁体をもってへだてられた前論理的なもの、論理的なものという二つの心性があるわけではない。あるのは、同じ社会の中におよびしばしば――おそらくはつねに――同じ精神の中に同時に存在する異なった心的構造である」[レヴィ・ブリュル 一九五三［一九二八］：七、歴史的仮名遣いは適宜、現代仮名遣いに直した。強調は原文]。

❖参照文献

塚原伸治　二〇一四『老舗の伝統と〈近代〉――家業経営のエスノグラフィー』吉川弘文館。

宮本又郎　二〇〇七「日本型企業経営の起源――江戸時代の企業経営」『日本経営史〔新版〕――江戸時代から二一世紀へ』一―七七頁、有斐閣。

レヴィ・ブリュル、リュシュアン　一九五三『未開社会の思惟』山田吉彦訳、岩波書店。

Averoldi, Maria　2013　Lucien Lévy-Bruhl or an Inherent Ambiguity. *Cadernos de Pesquisa* 19(3):7-35.

Deprez, Stanislas　2010　*Lévy-Bruhl et la rationalisation du monde*. Presses universitaires de Rennes.

Hirsch, Thomas　2013　Un « Flammarion » pour l'anthropologie ? *Genèses* 90(1):105-132.

Keck, F.　2008　*Lucien Lévy-Bruhl : Entre philosophie et anthropologie. Contradiction et participation*. CNRS.

Lévy-Bruhl, Lucien　1884　*L'idée de responsabilité*. Librairie Hachette.

1910　*Les fonctions mentales dans les sociétés inférieurs*. Félix Alcan.

1927　*L'âme primitive*. Presses Universitaires de France.

Mauss, Marcel　1923　Essai sur le don. Forme et raison de l'échange dans les sociétés archaïques. *L'Année sociologique* 1:30-186.

1950　*Sociologie et Anthropologie*. Presses Universitaires de France.

Merllié, Dominique　2012　Durkheim, Lévy-Bruhl et la « pensée primitive » : quel différend ? *L'Année sociologique* 62(2):429-446.

Pina-Cabral, João de　2018　Modes of participation. *Anthropological Theory* 18(4):435-455.

第Ⅳ部

信じる

信念・巡礼・改宗

現代の魔女たちの魔法

［イギリス］
河西瑛里子

1　錯綜する魔女という言葉

初対面の人に「魔女を研究しています」と言うとき、ついその表情の変化を見てしまう。研究対象を誤ったイメージで理解されては、インフォーマントに申し訳が立たないからだ。もっと困るのが、「魔女を研究してる人だよ」と言って、子供に紹介されるときである。子供たちは私がテレビのキャラクターのような魔法を使う人を知っているのかと、きらきらというよりはいぶかしげな目で見上げてくる。想像している人とはかなり違うんだけどなと思いつつ、この誤解を解くのは容易ではないので、溜息をつきたくなる。

ハローウィンの夜の繁華街に限らず、私たちの日常は「魔女」や「魔法」であふれている。子供向けの本やテレビ番組から、ホラー小説やハリウッド映画まで。高校では「魔女狩り」について習うし、魔女を名乗る占い師やヒーラーも珍しくない。

本稿では現代において「魔女（witch）」を自ら名乗るのはどういう人たちなのか、彼らがいう「魔法」とはどういうものなのか、文化人類学における妖術や呪術の話を交えつつ、イギリスを主な事例として見ていきたい。

言うまでもないが、「魔女」は日本語である。日本で一番初めに「魔女」と書き、「まぢょ」と読ませる訳語が、英語のwitchに対して用いられたのは『マクベス』だったらしい［西村 二〇一五：一二］。ちなみに、男性に対してはwitchだけでなく、wizardやwarlockが用いられることもあったが、最近では男女ともにwitchが用いられている。

英語のwitchやwitchcraftは、どのように定義されてきたのだろうか。『文化人類学最新術語100』では、魔女（witch）とは「超自然的また不可思議な方法によって人畜に対して害悪をもたらすと信じられている存在」だが、「病治しなど肯定的な側面」もあり「両義的な存在」とされている［黒川 二〇〇二：一八二］。一方『文化人類学事典』では、妖術（witchcraft）は「成人が身につけている邪悪な能力に関する信仰であり、様々な形で人々を魅惑すると同時に災厄をもたらす力を有し、また、特殊な仕方で獲得されているもの」と位置づけられている［慶田 二〇〇九：二三六］。

両者には重なる部分が多いが、前者は日常生活の中で魔女以外の人に及ぶかもしれない影響に焦点が当てられ、後者は日常とは異なる世界の存在を彷彿とさせる。前者は西洋史、後者はアフリカの研究者が執筆しており、それぞれの領域におけるwitchを念頭に置いているのだろうが、

witch（craft）に対する訳語が異なっている点にも気づく。日本では、ヨーロッパ由来のwitchは「魔女」、それ以外、とりわけアフリカ由来のwitchは「妖術師」などと訳されることが多い。裏を返せば、英語圏では魔女も妖術師も同じカテゴリーに入っていることを意味する。ただし、全く区別されていないわけでもない。グリーンウッド［二〇一五：一九二］は、各地のwitchの共通項としてマレフィキウム加害魔術を挙げたうえで、善なる支配者（おそらくは一神教の神）に敵対する魔王や悪魔との結びつきがヨーロッパのwitchの特徴だとする。

2　現代の魔女とは誰なのか

現代の欧米とそこから各国に広がった魔女文化の場合、「魔女」と自覚すること、名乗ることは自由だ。周囲にも宣言した場合、問題が出てくるとすれば、他者に認めてもらえるかどうか。この「認証」のしくみは占い師やヒーラーと似ている。国家資格も信仰告白もいらないから自由に名乗れるが、知識や実践経験に乏しければ周囲から冷ややかに見られてしまう。

魔女を名乗る人が現れ始めたのは、イギリスでは一九五一年の魔女術令廃止後だと言われる。一九四四年、ある人の死を予言した女性霊媒師がいた。予言した相手が本当に亡くなったため、遺族から訴えられ、魔女術令を理由に勾留されたのだが、時代錯誤な法律に基づく逮捕に、彼女の周囲の人々が抗議し、法律は廃止された［鏡 二〇一五：二四－二七］。

それではこれ以降、どのような人たちが「魔女」として表舞台に出てきたのだろうか。この時期、イギリス人のジェラルド・ガードナー（一八八四—一九六四）という男性が、魔女とされる老女から集めた民俗学的な知識と自らのオカルトの知識を融合させて、ウイッカという体系だった信仰を創りあげた。一九六〇—七〇年代、魔女術、特にウイッカはオカルトブームに乗ってアメリカにも上陸し、カウンターカルチャー運動とも重なり合いながら、都市部を中心に広がっていった。

現代の魔女は「ペイガン（Pagan）」というカテゴリーに属する。ラテン語のパガヌスに由来する「ペイガン」はもともと、キリスト教、ユダヤ教、イスラーム以外の土着の信仰を捨てないヨーロッパの「異教徒」を指す蔑称だった。その信仰の詳細はよくわかっていないが、多神教で自然崇拝的だったらしい。なおペイガンには、魔女以外にもドルイド（イギリスなどにあったケルト文化やその信仰に関心をもつ人々）やヒーザン（北欧神話の神々を信じる人々）など、色々いる。ただし「ペイガン」の考え方は統一されておらず、魔女、ドルイド、ヒーザンを自称していても、ペイガンではないと考える者もいる。

さて、ペイガンは「自然が大好きだ」「女神（Goddess）と男神（God）を祀っている」とよく話す。少し説明する。キリスト教の価値観のもとでは、危険に満ちているから文明によって制御されるべきとみなされてきた自然は、一八世紀末から一九世紀初めにかけて起こったロマン主義の時代に、逆に賛美された。それに伴い、自然を敬っていたとされるペイガンのイメージも好転し、今では屋外で過ごすことや植物を育てることが好きな人、環境保護に関わる人なども ペイガニズムに関心をもつ。また、男神だけでなく女神を祀り、それも女神の方がやや優位と考える。この女性性を大切にする点は、唯一神（God）を崇めるキリスト教に違和感を覚えていた一部のベビーブーマー世代には魅力的に映った。男性中心の現代社会で抑圧されている女性を、かつて男性が優位なキリスト教に「魔女」として弾圧された人々に重ね合わせ「魔女」を名乗り、女神の崇拝を始めたフェミニストもいたほどだ。

もちろん積極的に名乗らない魔女も多くいた。たとえば田舎の方で薬草治療やまじない、豊穣儀礼を行っていた人々である。

次の語りは、私が調査を始めて以来、お世話になっている、ある女性（四〇代）によるものだ。彼女は家庭の事情で母方の祖母に育てられた。

この祖母が魔女でね、おかげで魔女になるきっかけをもらった。私がしていることは、祖母を真似て、薬草や呪文を使っているだけ。（中略）［故郷の町では］祖母が魔女術について、（祖母の）妹以外の人と話しているのを見たことなかった。今でもあまりオープンではないので、本物の魔女は生きていくのが大変。例えばほうきをドアのところに立てかけておくだけで、変だと思われてしまう。

農村出身のある男性（五〇代）も、母親から魔女術を習い、その母親も魔女だったという。

魔女術のほとんどは、作物や家畜が良く育つようにと呪文をかけることだった。農村部の共同体に基づいていた。たとえば、乾燥させたカエルをツボに入れて、フタをして、呪文をかける。それをトウモロコシ畑に捧げものとして埋めるんだ。大地の精霊に食べ物を与えるためにね。（中略）［他にも魔女術をやっていた家族は］沢山あったよ。でも祖母が若かった頃、母が生まれた頃は、魔女術なんて、悪魔だと思われていた。

次の話も、農村出身の別の男性（六〇代）によるものだ。

九歳の頃（＝一九六〇年代）、農作物の収穫の時期に畑に行った。最後のトウモロコシが収穫される頃だった。そこで、あるおばあさんが畑の真ん中で、鶏の首を切って、血を地面に垂らしているのを見たんだ。これは来年も作物ができるようにと、大地を敬う古い伝統だった。あまりに驚いてね、周りの大人たちに尋ねたんだけど、「静かに、口にするな」と言われた。

初めの二人の話から考えると、魔女術令が廃止になってからも、「魔女」と気軽に名乗れる状況ではなかったようだが、一方で三人目の語りからすると、魔女術を行うことは公然の秘密でもあったようだ。余談だが、三人目の男性が私に自分が魔女だと教えてくれたのは、知り合って一〇年以上が経ってからのことだった。私は彼のことを長年、ドルイドとして知ってきたが、魔女でもあるとは知らなかった。私が「初耳だよ！」と少し不機嫌に驚くと、「知らなかったんだっけ？」と返され、拍子抜けした。

実はケルト文化とのつながりから、ドルイドには魔女よりポジティヴなイメージがある。魔女でドルイドという人の中には、ドルイドとは名乗っても、周囲からの反応を恐れ、邪悪なイメージがある魔女を名乗らない人もいる。初めて会った頃には、この人から魔女であると打ち明けていいと思われるほどに自分が信頼されていなかったんだと、気づいたのは数日後のことだった。

さて、文化人類学の古典『アザンデ人の世界』［二〇〇一］の中で、エヴァンズ＝プリチャードは、妖術師（witch）を生まれつき、その性質をもっていて、無意識のうちに害を与えてしまう人だとした。文化人類学が長い間扱ってきた妖術師とされる人たちや、魔女狩りの時代に魔女として迫害された人たちは、周囲から妖術師や魔女とみなされてしまうことも多かった。それに対して、現代のペイガニズムの魔女は、人に言うかは別として、自分で意識して「魔女」となる。

3　もう一つの思考としての魔法

「ここには本物の魔法はない。本物を見たければアフリカに行け」

調査を始めた頃の私にこう告げたのは、たまたま研究の話を聞いてくれた、ロンドンのバスの隣に座ったナイジェリア人の男性だった。

欧米の魔女たちは魔法を使うのか。それは、確かに調査を始めた時からとても気になっていたことだった。先述の二人の男性の語りに出てくる、乾燥したカエルや鶏の血液を使った儀礼行為は、いかにも「魔法」という感じがするが、彼らも見たことがあるだけで、実際に行っているわけではなかった。イングランド最西部のコーンウォール州にある「魔女術と魔術の博物館」には、ネズミ除けに使う布に包まれた猫、室内の悪霊を閉じ込める瓶、漁師に売る風を結んで止めた縄といった類のものが展示されていたが、歴史的な遺物としての取り扱いだった。

（残念ながら）私が思い描いていた魔法と現代の魔女たちが言う魔法は異なる。「杖から光線が出て、みたいな魔法は、ハリー・ポッターとかディズニーの世界。私たちの魔法はそういうのではない」と言われたことがあったが、どういう魔法なのだろう。

ある女性の魔女（五〇代）が上手に説明してくれた。

魔法というのは思考のパターンを変えることとかなり関係していると思う。人って物事の作用の仕方について、何らかの考えを持っているでしょう。たとえば、講義の単位を落とすかもしれないと思う。「落ちる」というのはとても強い。だからすごく強い心を持たなくてはならなくて、まずは沢山のエネルギーが必要になる。講義のためにしなくてはならないことを頑張るよりも、落とすことばかりを考えてしまうかもしれない。私はね、魔法っていうのは、物事の考え方の再プログラム化だと思っている。

たとえば、試験前に「これだけ準備したから大丈夫」と自分に言い聞かせて落ち着くこと、もしくは酔い止めとしてビオフェルミンを飲ませ乗り物酔いを防ぐことが、彼女の言う「思考のパターンを変えること」、「物事の考え方の再プログラム化」に当てはまる。日本もだが欧米諸国でも、子供たちは家庭や社会での教育や体験を通して、出来事を科学的に、言い換えれば合理的に結びつける思考を身に着けることを推奨されている。それに対して上述の二つは行った行為と結果の間に合理的な因果関係はないが、効果は出ている。この事実を受け入れるには、非合理的に思える出来事の結びつきを受け入れる必要があるというわけだ。

「魔法」は magic の訳語だが、magic は魔術や呪術とも訳される。欧米由来の場合は魔術や魔法、それ以外の場合は呪術と訳される傾向がある。文化人類学ではかつて、呪術は合理的な出来事の結びつけ方を知らない未開社会の人たちの考え方で、科学が広がればなくなると言われたことがあった［フレイザー 一九九五］。しかし、近代化が進んでも呪術はなくならず、今では科学とは異なる物事の考え方で、一人の人間が呪術と科学、両方の考え方をもつことも普通だと理解されている。現代の魔女たちの魔法とは、合理的な物事の見方を捨てないが、私たちの日常を少し良いものにするために、訓練によって物事を少し違う角度から眺める方法だと言ってもいいのではないだろうか。

ここまで見てきた魔女と魔法は、私たちがメディアを通して創りあげてきた魔女や魔法のイ

ある魔女の自宅の祭壇。中央に女神像と男神像が置いてある

メージとは異なる。文化人類学が伝統的に調査してきた地域で見られる現象とも異なる点は多いのだが、近代や主流へのカウンターという点では共通している。アフリカなどの場合、呪術が根づいていた社会に欧米人とキリスト教が流入したため、欧米や近代化と呪術を対比することは妥当だろう。一方のヨーロッパは基本的にはキリスト教が優勢となっていた地域であるが、現代の魔女術もヨーロッパ「土着」の信仰として、二〇〇〇年ほど昔に中東から伝来したキリスト教への対抗として発展したという経緯をもつ。

ここで提示した事例は、欧米の魔女とは言っても、私がイギリスで見聞きできた範囲の理解に基づいている。アメリカ、特に西海岸にはより多様な伝統を取り入れた「魔女」がいるだろうし、占いや呪いを行う「魔女」への課税で話題になったルーマニアの状況も興味深い。もし、魔女を話題にする人に会ったなら、どんな魔女の話をしているのか、まずは確認してみてほしい。自分のもっている魔女イメージとのずれが解消されたうえで、新しい「魔女」の世界を垣間見られるはずだから。

❖参照文献
エヴァンズ゠プリチャード、E・E　二〇〇一『アザンデ人の世界――妖術・託宣・呪術』向井元子訳、みすず書房。
鏡リュウジ　二〇一五『鏡リュウジの魔女と魔法学』説話社。
グリーンウッド、スーザン　二〇一五『魔術の人類史』田内志文訳、東洋書林。
黒川正剛　二〇〇二「魔女」『文化人類学最新術語１００』綾部恒夫編、一八二－一八三頁、弘文堂。
慶田勝彦　二〇〇九「妖術」『文化人類学事典』日本文化人類学会編、二三六－二三九頁、丸善出版。
西村佑子　二〇一五「日本人から見た魔女概論」『魔女の秘密展　公式カタログ』一〇－一六頁、中日新聞社。
フレイザー、ジェームズ・G　二〇〇三『初版　金枝篇』上下、吉川信訳、ちくま学芸文庫。

★その他、おすすめの学術的な魔女（ペイガニズム）の入門書
Davy, Barbara Jane　2007 *Introduction to Pagan Studies*. AltaMira Press.
Harvey, Graham　1997 *Contemporary Paganism: Listening People, Speaking Earth*. New York University Press.

アニメの聖地巡礼のグローバル化

［イギリス・ヨーロッパ］
河西瑛里子

1　アニメの聖地巡礼という現象

何気なく立ち寄った神社で、アニメのキャラクターが描かれた絵馬を見かけて驚いたことはないだろうか。あるいは、遊びに行った町の観光案内所で、アニメのキャラクターであふれたポップな地図を見つけたことがあるかもしれない。

「特に二〇〇〇年代以降、聖地巡礼という言葉がもっとも使われる」のは、「アニメの舞台訪問に対して」［岡本 二〇一五：一八九］らしいが、実際、「聖地巡礼」という言葉をグーグル検索してみると、一ページ目から、アニメの舞台となった場所やゆかりの場所を紹介する記事がいくつも表示される（二〇一九年六月二二日検索）。アニメの聖地巡礼とは、「一九九〇年代から目立ち始めたアニメファンの行動で、アニメの背景に描かれた場所を探し出して、実際にそこを訪ねる行為」［岡本 二〇一八：i］とされ、観光および地域振興の文脈で注目されている［例：岡本 二〇一八、大村・松本・山村 二〇一八]。

アニメの聖地として注目される場所の多くは国内にあるが、原作者が日本人で、日本で制作されていても、アニメの舞台に選ばれるのは、国内のどこかとは限らない。海外、とりわけヨーロッパは以前から作品の舞台となっている。アニメというより漫画だが、池田理代子の『ベルサイユのばら』や『オルフェウスの窓』、萩尾望都の『ポーの一族』や『トーマの心臓』はその代表作といえるし、スタジオジブリも公式サイトにおいて「大いに参考にした場所」として、イギリスのウェールズ（『天空の城ラピュタ』）、スウェーデン（『魔女の宅急便』）、アドリア海沿岸（『紅の豚』）、フランス（『ハウルの動く城』）を挙げている。こういった作品が好きで、舞台を「聖地巡礼」する日本人はいるだろうし、訪れたというブログも実際見つかる。

ただし、日数も費用もかかるため、ヨーロッパのアニメの聖地への巡礼者数は国内に比べて、圧倒的に少なく、現地に与える影響は小さい。数少ない例外は、ベルギーを舞台にした『フランダースの犬』かもしれない（原作者はイギリス人）。現地ではほとんど無名にもかかわらず、日本でアニメ化されたことで、舞台となった街を訪れる日本人が増加し、物語に関連する記念碑が建てられたのである。

とは言っても、このケースも含めて、海外の場合、国内の事例とは異なり、アニメの聖地巡礼を核にした地域の活性化は起こっていないようである。しかし、地域振興ではなく、国内の延長としての海外への聖地巡礼だとみれば、アニメを通した異文化接触の一面が見えてくる。

2　文化人類学における巡礼

巡礼という現象は、文化人類学でしばしば取り上げられてきたトピックの一つである。ファン・ヘネップ［一九九五］は、成人式や結婚式など、年齢が上がることで社会的身分が変わる時に行われる儀礼は、日常生活からの「分離」、中間的な状態にある「過渡」、日常生活に戻る「統合」から構成されていると示した（通過儀礼）。ターナーは、このうち日常を「政治的・法的・経済的な地位の構造化され、分化された、そしてしばしば階級的な、体系としての社会の様式」、中間の状態である非日常をコミュニタス、つまり「平等な個人で構成される未組織の、ないしは組織が完全でない、そして相対的に未分化な」社会様式とした［ターナー 一九七六：一二八］。後者においては、「各個人は（中略）人間性をわかち合っているという点で平等なものとみなされ」、「人間は全人格的に関わり合いをもつ」とされる［ibid.：二五二］。日常生活において、私たちが従うことを求められている社会規範や、周囲の人々との間にあるヒエラルキーなどは、このコミュニタスの状態においては消え去り、一人の個人として、他者と交流できるとされる。巡礼は、カーニヴァルやヒッピー運動などとともに、このコミュニタスの一つの事例として挙げられている。

しかしながら、巡礼をコミュニタスとみる視点は繰り返し批判されてきた。キリスト教の巡礼に焦点を当てた論集の序論でEadeとSallnowは「巡礼は宗教と世俗のディスコースが争うアリーナ」［1991：2］、つまり様々な団体が宗教的争点やその社会的位置づけをめぐって対立している状況で、ターナーのいうような平和で平等な状態ではないと示した。たとえば、聖母マリアの出現で知られるフランスのルルドでは、聖域の規則に従わせようとする管理者に、巡礼者は抵抗を試みているという［ibid.：11］。

こういった視点を頭に入れながら、『きんいろモザイク』というアニメのファンが訪れるようになった、イギリスのコッツウォルズ地域のベッド・アンド・ブレックファスト（以下、B&B）、「フォス・ファームハウス（Fosse Farmhouse）」を事例として見ていきたい。

3 コッツウォルズのフォス・ファームハウス

イギリス旅行のパンフレットや情報サイトでは、鮮やかな緑の野原や丘を背景に、「蜂蜜色の」石造りの家屋や教会が立ち並ぶ写真が必ずと言っていいほど見つかる。絵に描いたように美しい、と称されるコッツウォルズ地域は、イギリス南部に広がるなだらかな丘陵地帯だ。産業革命に取り残された結果、昔ながらの建物が残り、現在では裕福な人々が老後に移り住む町として人気である［Butler 2019：1］。首都ロンドン、ピーター・ラビットの舞台である湖水地方と並び、田園風景を楽しめるコッツウォルズ地域は、日本人のイギリス観光の人気の訪問先となっている［ibid.：2］。

そのコッツウォルズ地域の南に位置するカッスル・クーム（Castle Combe）村に建つフォス・ファームハウスを訪れたのは、二〇一七年のことだ。調査のために滞在していたグラストンベリーという町に暮らす友人から、日本におけるイギリスのイメージを調査している、イギリス人の児童文学者キャサリン・バトラー博士を紹介していただいたのである。彼女はコッツウォルズ地域が登場する『きんいろモザイク』に関心をもち、日本人のアニメファンが滞在するフォス・ファームハウスのオーナーと面識があった。またバトラー博士の知人の日本人女性（二〇代）が、このB&Bで働いており、彼女を通してオーナーのイギリス人女性から招待を受けたのである。訪れた日、オーナーは不在だったが、スタッフの女性から話を伺うことができ、来訪者ノートにも目を通すことができた。

『きんいろモザイク』とは、『まんがタイムきららMAX』（芳文社、二〇一〇年〜）に連載中の原悠衣による四コマ漫画で、二〇一三年と二〇一五年にテレビアニメ、二〇一六年に映画が制作されている。物語の主な舞台は日本の高校なのだが、主人公の一人である忍が第一話でイギリスにホームステイし、その家の子供である同い年のアリスと友達になる。数年後、日本に興味をもったアリスが日本の忍の高校に転校し、彼女たちの日常が物語の中心となっていく。しかし、時折アリスのイギリスの実家が登場する。アニメ制作にあたって、この家のモデルとなったのが、フォス・ファームハウスなのである。

ロンドンから最寄り駅までは電車で一時間強だが、駅からのバスがほとんどないため、多くの訪問者はレンタカーを利用する。コッツウォルズ地域を訪れるロンドン発の一般のツアーに参加する人もいるようだ。アニメの舞台を巡る日本発のツアー、「ハロー！　きんいろモザイク」が催行されたこともあった。

私が訪れた夏至の直前の時期は、イギリスでは一番気持ちがよく、美しいとされている季節だ。二階建てのどっしりとしたフォス・ファームハウスは、「絵に描いたように美しい」イギリスの田舎にありそうな建物である。

フォス・ファームハウス正面

前庭の緑のじゅうたんのような芝生も、建物を取り囲むように立つ鮮やかな緑の葉を茂らせた木々も「自然」な感じに刈り込まれていた。主人公たちが食事をとる部屋のモデルになった食堂で宿泊客は食事を提供される。案内された二階の客室も、天蓋つきベッドやおもちゃの木馬が置かれ、バスルームに至るまで、アンティークの家具と布地で美しく飾られている。オーナーの所有する青いクラシックカーも含め、こういった建物内外の随所の光景が、アニメの中で忠実に再現されている。訪れたファンが、アニメの世界に入り込んだ気分を楽しめることは、容易に想像できた。

フォス・ファームハウスが、ヨーロッパの他の多くのアニメの聖地と異なるのは、オーナーとファンとの間に、ある程度、交流が生

居間の中央に積み重なる『きんいろモザイク』グッズ

まれていることである。たとえば、食堂にはアニメの原作者や声優が訪れた時に残した色紙がテーブルに整然と並んでいる。アンティークの皿や銅像で飾られた居間は宿泊客が自由に使えるのだが、この部屋の片隅には、イギリスの伝統料理の本とともに、キャラクターのクッションやうちわが置かれ、壁際のセントラル・ヒーティングには制作スタッフからの寄せ書きがかけてある。部屋の真ん中に置かれた木製の衣装ケースには、漫画やＤＶＤ、同人誌やフィギュアが積み重ねられている。いかにもイギリス風の居間の中にあふれるアニメのグッズという組み合わせに、私はどう反応してよいのか戸惑ったのだが、日本からのアニメファンがこのＢ＆Ｂへの訪問を巡礼と称することに触発されたのか、オーナーはこの部屋を聖堂（shrine）と呼んでいるそうだ。

二〇一四年三月から置かれた来訪者ノートには、私が訪れた時点で、制作スタッフも含め約一〇〇人がメッセージを残していた。大半は若い日本人男性で、イギリスへの出張や留学のついでに来る人もいたが、『きんいろモザイク』の舞台を訪れたくて、初めて日本を出たという人もいた。『ご注文はうさぎですか』（原作者Ｋｏｉ、芳文社の『まんがタイムきららＭＡＸ』にて二〇一一年から連載、二〇一四年と二〇一五年にアニメ化）の舞台であるフランスのコルマールも合わせて訪れる人もいるようで、ヨーロッパにアニメの聖地巡礼路が生まれていく可能性を感じた。

働き始めて二か月ほどになるスタッフは、アニメとは無関係の客も少なくないし、アニメを理由に訪れる日本人が毎日来るわけではなく、互いに出会うことは稀だと語る。しかし、日本人の客の多さから日本人は積極的に採用されるとのことだった。オーナーは二〇一七年までの時点で宿泊客の七〇％は日本人で、そのほとんどはアニメが理由だと語っている［Butler 2019 : 5］。

アニメの制作スタッフは事前にB&Bを舞台として利用する許可を得ていたため、オーナーもアニメを理由に訪れる客の増加は予想していたと思われ、疎んじる様子は全くない。それどころか、ファンがアニメのイメージそのままであることを期待してくると知っているため、家具の位置や寝室のブランケットの柄を変えないように注意している。また、ファンが食事をする際には、食堂でアニメのテーマソングを流すこともある。アニメとB&Bの関連を知らない客は、キャラクターグッズを見たり音楽がかかったりすると、ぎょっとした表情になるそうだが、何事もないかのようにふるまうと、スタッフは語った。

アニメキャラクターのタオルがかかったアンティーク調のトイレ

4　ヨーロッパのアニメの聖地

私が調査をしていたグラストンベリーも『Fate/stay night［Unlimited Blade Works］』（二〇一四年、二〇一五年にアニメ化）

や『リトルウイッチアカデミア』（二〇一七年にアニメ化）に登場しており、アニメを理由に訪れる人もわずかだがいることを、訪れた個人のブログから知った。しかし作品に登場する遺跡の受付で尋ねたところ、遺跡の管理スタッフの間ではアニメの存在は知られていなかった。対応してくれた女性は同僚と共有したいからとアニメの情報を求めたものの、「修道院にはいろんな巡礼者が来るからね」と答え、特に気にする様子はなかった。

この遺跡よりもだいぶポピュラーなフォス・ファームハウスのオーナーは、『きんいろモザイク』のファンを理解し、温かくもてなしている。しかし、オーナーも含めたスタッフは必ずしもアニメの熱心なファンではなく、アニメに精通しているわけでもない。また、絶対数の少なさからファン同士がその場で交流することは稀で、ここを訪れたファンたちの交流の場、いうなればコミュニタスは来訪者ノートの中かブログやSNSといったインターネット上にある。アニメのファン以外の宿泊客は室内のアニメ・グッズを快く思っていないかもしれないが、殊更に苦情を申し立てるわけではなく、少なくとも表面上は対立はみられない。ここで起こっているのはむしろ、アニメの制作者やB&Bのオーナーとともに、積極的にイギリスの田園地域と日本のアニメという異文化接触を媒介している巡礼者の姿である。

最後に付け足すと、フォス・ファームハウスは二〇一八年、イギリス自動車協会が毎年選ぶ「物語をもつB&B」賞を受賞し、イギリスのメディアで広く取り上げられた［Butler 2019 : 5］。これまで、フォス・ファームハウスの建つ地域全体できんいろモザイクと関わろうとする様子はなかったし、イギリス人がアニメを理由に訪れることもほとんどなかったようだが、この受賞はそうした関係性を、ほんの少し変えていくかもしれない。また、「アニメの聖地巡礼」という現象がイギリスで知られていく可能性もある。

現在、ヨーロッパでは宗教を必ずしも理由とせず、健康や自分探しといった理由から「巡礼」がブームになっているようなのだが、この巡礼ブームに日本発のアニメの聖地巡礼も加わるのだろうか。ふと訪れたイギリスのどこかの田舎町で、日本のアニメ・グッズが飾られていたら、ちょっと面白いのだが。

お礼

本稿は二〇一八年八月に行ったヨーロッパ社会人類学会での発表がもとになっています。調査に当たっては、キャサリン・バトラー博士とその知人の方に大変お世話になりました。

追記

本論執筆後、バトラー博士からオーストラリアのタスマニア島で、『魔女の宅急便』に登場するパン屋の「舞台」とされるパン屋が、オーストラリア人のみならず在豪日本人の巡礼者も集めているらしいと伺った[Norris 2018]。スタジオジブリの公式サイトにはそのような旨は記載されておらず、おそらく舞台ではないのだが、アニメの聖地の巡礼のグローバル化を考察していくうえで示唆深い現象である。

❖参照文献

大谷尚之・松本淳・山村高淑　二〇一八『コンテンツが拓く地域の可能性――コンテンツ製作者・地域社会・ファンの三方良しをかなえるアニメ聖地巡礼』同文舘出版。

岡本　健　二〇一八『アニメ聖地巡礼の観光社会学――コンテンツツーリズムのメディア・コミュニケーション分析』法律文化社。

岡本亮輔　二〇一五『聖地巡礼』中公新書。

ターナー、ヴィクター　一九七六『儀礼の過程』思索社。

ファン・ヘネップ、アルノルト　一九九五『通過儀礼』弘文堂。

Butler, Catherine 2019 The Cotswolds and Childrens Literature in Japanese Fantasy: the Case of Castle Combe. In *Transnational Contents Tourism: Mediatized Culture, Fandoms, and the International Tourist Experience*. Philip Seaton and Takayoshi Yamamura (eds.), pp.1-8. Channel View Publications.

Eade, John and Michael Sallnow 2000 (1991) *Contesting the Sacred: The Anthropology of Christian Pilgrimage*. Routledge.

Norris, Craig 2018 Studio Ghibli Media Tourism. In *Introducing Japanese Popular Culture*. Alisa Freedman and Toby Slade (eds.), pp.114-122. Routledge.

スタジオジブリ公式サイト　http://www.ghibli.jp/qa/ 二〇一九年六月二二日閲覧。

フォス・ファームハウス公式サイト https://www.fossefarmhouse.com/japanese（Ｂ＆Ｂの写真掲載時には、ＵＲＬの記載が求められている）二〇一九年六月二二日閲覧。

重層的なフィエスタ　誕生祝から巡礼まで

［メキシコ］

山内熱人

1　突然の巡礼地への旅

ある日の夜、私が調査しているメキシコ、オアハカ州の村でお世話になっている家族が、愛用しているピックアップトラックの荷台に数日分の服と食料、毛布、ゴザ、ビニールシートなどを載せ、旅支度をし始めた。私を受け入れてくれた男性は非常に精力的な人物で、当時、私を様々なイベントや場所に連れて行ってくれていた。この旅支度はフキーラという所へ三人の孫と妻とその母親、そして私を連れて行くための準備であるという。翌日の早朝に出発の必要があると告げられ、私もそれなりの準備をして床に就いたが、当時の私は、その目的地がその地域の守護聖母が祀られた大きな教会のある巡礼地であることも、その旅が数日続くことも理解していなかった。

翌朝未明に村を出ると、途中で近くの村に寄り、知り合いの夫婦を拾って目的地へと向かった。

巡礼地の泥を身体にこすりつける子供たち

途中、目的地への中継地点で朝食をとり、目的地へはちょうど正午に到着した。教会では聖母像に触れ、その触れた手で体を触り、花を添える。その後、教会の裏にまわり、地面に持参した十字架を立て、そこに水をかけて泥状にしたものを顔や腹に塗った。この日は午後も教会で祈りを捧げ、近くのホテルに宿をとり、夜にはそこのホテルで知り合った青年に町を少し案内してもらった。フキーラは山がちの土地で、教会を中心としたみやげ物市場と食べ物の市場があり、さらにその周りにホテルと住居が立ち並んでいる。そこはオアハカ州の中でも著名な巡礼地で、オアハカ州の人々だけでなくその近隣の州の人々も訪れる場所であり、教会に祀られている守護聖母が人々の信仰を集めていた。

翌日の朝のミサにも出席すると帰路につき始めたが、この旅の後半は近くのビーチによって遊んで一泊したり、お土産物を物色したりといった観光的な色彩が強くなった。調査地には出発日の翌々日の夜に帰り着いた。

2　巡礼について

宗教の聖地や霊場を旅し、途中で出会うさまざまな試練を乗り越え、聖なるものからの功徳を得るとともに、信仰を強め信者間の連帯意識を高める行動を巡礼と呼ぶ［大塚 二〇〇八］。代表的な例として、エルサレムやローマ、スペインのサンティアゴ・デ・コンポステラ、フランスのルルド、イスラームのメッカなどがある。近年では従来的な宗教的聖地への巡礼だけでなく、より世俗的な「聖地」への巡礼も取り上げられ、ツーリズム論とも関連して議論されており、世界遺産に登録されるような文化財的な聖地やアウシュビッツ収容所跡などのような負の聖地、パワースポットやアニメ巡礼などの今日的な聖地も研究対象となっている［星野他 二〇一七］。

ターナーは秩序だった構造に組み込まれた社会関係と対照的な非差別的、平等的、直接的な人間関係の成立する場をコミュニタスと名付け、巡礼をその一つの例としてとらえた。そして巡礼を実存的、自然発生的なコミュニタスとは違い、ある程度の社会体系に組み込まれ、成員たちを規制及び組織化する規範的なコミュニタスととらえている［ターナー 二〇〇二］。前述したフキーラも宗教的な巡礼地であると言え、私の調査地の人々にとってそこを訪れることは非常に重要な行為である。ターナーが言うように、巡礼の旅は日常的な社会関係とは別の関係性の構築の機会ともなり、冒頭の旅で同行した夫婦はかつてのその地への巡礼で出会った相手である。また、今回の道中でも、町を案内してくれた青年などのように何人かと交流をしている。道中にあって同じ目的地を共有する成員という意識で巡礼地へ向かう人々と繋がると同時に、村においてはフキーラへの巡礼という経験、ないし、その志向の共有によって連帯意識を持つことが可能となる。

フキーラへは理想的には徒歩で向かうのがよいとされ、一生に一度、できれば複数回の訪問が推奨される。そこで祀られる守護聖母の祝日は一二月八日であり、その日が最も多くの訪問者が訪れる日であるが、その日以外の訪問も絶えず行われている。人々はその教会で祈りを捧げ、聖水や聖母像を購入して持ち帰り、家の祭壇に飾る。信仰心があれば、徒歩であっても足を痛めたり疲れたりすることはないという。巡礼地への訪問の動機付けはその聖地の性格によってさまざまであるが、調査地の人々がフキーラ訪問の動機として語っていることは、その守護聖母に対する帰依ということになる。その守護聖母に信仰を捧げることによって、健康や仕事がうまくいくこと、家族や恋人の幸福の祈願の他、車や家、土地の入手を願い、また、それが成就した際にも報告を兼ねた祈りを捧げに行くこととなる。

巡礼という言葉でイメージされるのは自分がいる場所とは異なるどこか遠くの聖地とされる場所へ向かうことであると思われる。調査地からフキーラへの巡礼もそのイメージにかなったものであるが、この聖地が目的地とされる動機付けであるところの守護聖人（この事例では守護聖母）への帰依という点に注目して考えると、調査地の人々の行うさまざまな活動が巡礼と連続体をなした行為ととらえることができる。次項以降でこの点について論じてみたい。

3 守護聖人

私が調査しているメキシコ南西部の村落をはじめ、中米一帯ではほとんどの人々はキリスト教カトリックを信仰しているのであるが、彼らは守護聖人――守護聖人という言葉をここでは使うが、しばしば聖人だけでなく大天使や聖母も相当し、守護天使や守護聖母も存在する――への信仰が篤い。彼らの信仰ではこの世界には様々な守護聖人が存在しているとされている。守護聖人は、個人や地域や国など様々なレベルで様々な存在を守護しており、それぞれが持つ権能に応じて信仰を集めている［清水 一九九〇］。

どの聖人がどの権能を担うのかは地域によって異なるが、例えば、調査地周辺の人々にとっては、サンイシドロという守護聖人が司るのは農業であり、農業に関する困りごとや豊作を願う人々はこの聖人に祈りを捧げることとなる。個人や地域の守護聖人であれば、その人物やその地域の全体に対して大きな影響力を持つとされ、個人は自分の守護聖人に、あるいは、自分の住む地域の守護聖人に祈りを捧げ、帰依することになる。各守護聖人はそれぞれその守護聖人の祝日を持っており、その祝日にその守護聖人を祝う祭りが行われる。個人の守護聖人は基本的には本人の誕生日に基づいて決められ、洗礼名もそれを使用することが普通である。カトリックのカレンダーにはおよそすべての日にそれを司る聖人の名前が付せられており、一つの日には、時に、複数の守護聖人の祝日が相当している。

黒田は中米の先住民共同体で行われる祭りを、守護聖人の祭り、その他の聖人の祭り、カトリックの主要な祭り（四旬節、復活祭、万霊節、クリスマスなど）、シンクレティズムに起源をもつ祭り、宣教師の主催する新しい祭り、役職交替の祭り、国民祝祭、に大別している［黒田 一九八八］。村にある教会には、カトリック教会が位置付けた守護聖人が祀られている。その守護聖人の祝日に、その守護聖人の祭りがその教会前で行われることになる。私が調査している村には二つの教会があり、したがって、二つの守護聖人の祭りが行われる。そのうちの一方の守護聖人は村の守護聖人でもあり、村の名前にもその守護聖人の名前が冠されており、その守護聖人の祭りは共同体の村祭りという側面も強い。各村ごとにそのような村祭りがそれぞれの日程で設定されており、人々は自身の村の守護聖人の祭りだけでなく、近隣の村で行われるそういった村祭り的な守護聖人の祭りへも赴くこともある。黒田は近隣地域の守護聖人の祭りへの参加を地域レベルの巡礼地への巡礼ととらえ、冒頭で取り上げたフキーラのような州レベルの巡礼地への巡礼、メキシコ市にあるグアダルーペの聖女のような国レベルの巡礼地への巡礼、というようにスケールの違う巡礼の存在を指摘している［黒田 一九八八］。

多くの人々からの信仰の対象となっている守護聖人や守護聖母は、強力かつ複数の権能を持つことになる。冒頭で取り上げたフキーラの守護聖母のような広範な地域から信仰を集める存在であれば、あらゆることに対して奇跡をもたらす力を持っているとされている。そのような存在に対して、ご利益を期待して尽くすことを誓約（プロメッサ）という。地域や国の守護聖人に対しては、巡礼という形で誓約を行おうとし、それによる加護を期待するのである［吉田　一九九四］。行われている祭りへの参加や祀られている教会への訪問だけでなく、村の守護聖人の祭りのために奉仕することや、自身の守護聖人の祭りに奉仕することも、また、誓約を果たそうとする営みであるということになる。村の守護聖人の祭りの開催や運営を取り仕切るマヨルドモに立候補することは、それが動機であると考えられ、その祭りの遂行の後に自身の家で宴会を催すのは、それを祝ってのことということになる。

調査地の人々は祭りやクリスマスなどの共同体的行事や年中行事に加えて、洗礼や結婚式、誕生祝や卒業祝に伴う宴会などを総称してフィエスタと呼ぶが、誕生祝というフィエスタは個人が自身の守護聖人を祝うための祭りであるともいえる。調査地では、洗礼なども含めて幼い子供のフィエスタの場合は実質上の主催者はその保護者ではあるが、少なくとも名目上は、フィエスタの主催者は祝われるその人自身ということになり、誕生祝も自らが開催者となり招待客を募ることとなる。これは、自身の守護聖人に対する誓約を果たそうとする営みであるから、という理屈になる。

こうして、個人の誕生祝の開催から、村祭りとしての村の守護聖人の祭りの開催や参加、地域の巡礼までが、聖人信仰という形で連続体をなしていると解釈することができる。帰依すべき守護聖人の選択の理由はさまざまである。自分自身や自分の住む村や地域の守護聖人へ帰依したいという動機はわかりやすいが、個別の権能を期待して特定の守護聖人を頼ることもよくあり、様々な機会ごとに別の守護聖人を頼ることもある。その誓約を果たそうという行為の一つとして、フィエスタの開催やその守護聖人の祝日やそうでない日にその守護聖人が祀られている教会を赴くことがあるのである。フキーラへの巡礼もそういった行為の一つである。

また、このような機会を一つの契機として、その儀式の立会人との間に擬制的親族関係であるコンパドラスゴの関係を結ぶこともある。この関係は洗礼を代表とするカトリックの人生儀礼への立会を通じて結ばれるのが本来であるが、それ以外の様々なフィエスタの機会においても結ばれうる。冒頭でのフキーラへの道筋において同行した近くの村の夫婦は、私の受け入れ家族がかつてのその地への巡礼の途中で出会い、その際に連れていた孫を通じてこのような関係を取り結んだ人たちであり、それ以来、長い交流が続いていた。

4　重層的なフィエスタ

個人の守護聖人は、自身が生まれた日の守護聖人から選ぶことが普通であると述べたが、その子供を守護してほしい守護聖人をカレンダーの日付外から選択することもある。村や地域の守護聖人は住民の信仰が篤く、個人の守護聖人としても選ばれやすい。こうして、自身の守護聖人を祝うことと村や地域の守護聖人を祝うことが重なることも珍しくない。

冒頭でフキーラに同行した孫の一人はサンティアゴという名前であるが、彼はその名前が示す通りサンティアゴ（聖ヤコブ）を守護聖人としている。これは、村にある教会の守護聖人と同一である。ところが、厳密にいうとサンティアゴの祝日は七月二五日であるのに対して、彼の誕生日は七月二四日であり、彼の生まれたそのままの日付を彼の守護聖人とした場合は、彼はサンティアゴを守護聖人とすることがなく、名前も別名となっていたはずである。しかし、この聖人が調査地で大きな信仰を集めていたがために、彼の両親はその聖人の祝日と彼の誕生日とが一日違いであるにもかかわらず、彼の守護聖人をサンティアゴとし、彼の名前をサンティアゴと命名したのである。

自らの守護聖人に誓約の遂行を
報告する少年とその立会人たち

サンティアゴの祭りが行われている日、彼は先年から村祭りで披露するための羽の踊り子としての修練を積み、その一員として教会前で踊りを披露した。調査地出身者たちによる羽の踊り子の踊りの披露が調査地の祭りにおいてなされるのはこの年が数十年ぶりの出来事であった。彼の両親が彼を羽の踊り子の一員としたのは、このような形でサンティアゴの祭りに貢献することにより、その守護聖人に対する誓約を果たそうとする意図であったと考えられる。祭りでの踊りの披露が終わると、その遂行を守護聖人であるサンティアゴが祀られている教会で報告を行った。その訪問には立会人夫婦が付随し、それを機会としてその立会人と擬制的親族関係を結ぶこととなった。その後、自宅に戻って彼の誕生祝のフィエスタが開催された。本来の彼の誕生日からは一日遅れのフィエスタということになる。

このように、一つの祭りをとっても、それに参加する人物によって重層的な意味が付与されることがある。サンティアゴ少年にとっては、この祭りは地域の守護聖人の祭りであるとともに自分の守護聖人の祭り（誕生祝）でもあり、それへの誓約の機会でもあったのである。

❖参照文献

大塚和夫　二〇〇八（一九九七）「巡礼」『文化人類学キーワード［改訂版］』山下晋司・船曳建夫編、一二〇―一二一頁、有斐閣。
黒田悦子　一九八八『フィエスタ――中米の祭りと芸能』平凡社。
清水　透　一九九〇「メキシコの民衆宗教」『民衆文化』柴田他編、二二五―二五一頁、岩波書店。
ターナー、ヴィクター　二〇〇三（一九八一）『象徴と社会』梶原景昭訳、紀伊国屋書店。
吉田栄人　一九九四「祭りと聖人信仰――ユカタンの事例から」『ラテンアメリカ宗教と社会』G・アンドラーデ、中牧弘允編、一三五―一五四頁、新評論。
星野　英紀・山中弘・岡本亮輔編　二〇一七（二〇一二）『聖地巡礼ツーリズム』弘文堂。

信徒達の思索について

［ケニア］

岡本圭史

人がある宗教の——宗教ないし religion という用語の成立経緯についてはスミスの議論等があるのだが［Smith 1991］、ここでは論じる余裕がない——信者となるとはどういうことか。このことを考える際には、どうしても conversion ないし改宗という用語の持つ、意味の偏りといったものが問題となる。今までに、ケニアのフィールドを基に、改宗概念について考えてきた［岡本 二〇一七、近刊］。ただ、論文の中ではうまく扱えなかった問題が、幾つか残されているような気もする。

1 回心、入信、改宗

元々はキリスト教徒達の迫害者であったパウロが、ダマスカスにて回心を経験した。その後彼自身が熱心な布教者となり、宣教旅行の果てにローマ帝国で殉教する。『新約聖書』中の「使徒言行録」の描くパウロの回心経験は、唐突に生じた劇的な変化と言うべきものである。しかし、パウロ自身がそのように語っているとは言い難い。『新約聖書』のかなりの部分をパウロの書簡が占めているのだが、このような劇的な回心体験には言及されていない。「使徒言行録」は、パウロの伝記としては信憑性に乏しいという［青野 二〇一六］。

回心や入信、改宗と訳される conversion は——ここまで多様に訳し得る語彙について日本語で論じ得るのか、という疑問が直ちに浮かぶのだが——二〇世紀の心理学や社会学、人類学において数々の議論を生み出した［Gooren 2010, 2014］。多くの研究者達が強調したのが、ある人物が信者となる時に、実際に劇的なパウロ的回心を経験することは稀であるという点だった。

conversion ——三つの訳語のどれをここに当てはめればよいか分からない——はまた、内面の変化であるとも限らない。タイのアカと呼ばれる人達の間のキリスト教についての、人類学者のカムラーの議論がある。一九五〇年代および六〇年代までのアカには、キリスト教が容易に浸透しなかった。しかし、八〇年代初頭までには、プロテスタント諸教会やカトリックへの大量の改宗者が確認されるようになった。カムラーによると、かつてのキリスト教の不浸透は、アカの伝統宗教の性質と密接に関わっていた。また、八〇年代初頭までに生じた改宗者の急増は、キリスト教よりも、むしろ伝統宗教との関連において生じたという。

ここでカムラーが伝統宗教と呼ぶのは、アカの間でザンと総称される、一連の規則や慣習、儀礼である。ザンに関しては忠実な順守が要求され、そのことがかつてはキリスト教の浸透を阻んでいた。その後、土地制度の変化等の諸要因によって儀礼に必要なブタやニワトリの確保が困難となり、人々はザンの順守を回避するためにキリスト教に改宗したという。ザンの内容は様々であり、日々の生活の中でなされる様々な儀礼、祖霊への供物、稲に関する様々な儀礼、治療祭祀や集団祭祀、人生儀礼等が含まれる。更に、ザンはリネージ分割や婚姻規制、縁組の基準にも関連する。アカ社会のザンをめぐるカムラーの議論が描き出したのは、否応なしに内面の変化を含意するような、conversion という語の持つ、意味上の負荷である［Kammerer 1990］。

conversion という英語の中でも回心と訳しておきたい部分、つまり信徒となった人々の内的な変化が、人類学の論文としては特に書きにくい対象だろう。多くの人類学者が、個人の内面を語ることの困難について論じてきた（研究史を辿る紙数はないので、この問題を簡潔に整理した関の著作を挙げておく［関 一九九六、二〇一二］）。こうした状況において、多くの人類学者が、改宗概念をめぐるキリスト教世界の常識を問い直すことを試みてきた。そこでは、conversion 概念が、いわばキリスト教世界の民族語彙であることが強調された［Anderson 2003 ; Gooren 2010］。しかし、そこで話を終わらせてよいものかどうか。日本であれケニアであれ、信仰心の強いキリスト教徒に出会った、と感じることは多い。conversion 概念のキリスト教的負荷を指摘すればする程に、こうした言わば篤信家の熱意について、その由来を語ることが難しくなるようだ。

ケニア海岸地方に、ドゥルマと呼ばれる人々が住んでいる。これまでに、ドゥルマ社会のキリスト教について、フィールドワークを続けてきた。ドゥルマは妖術に強い関心を向ける。隣人達の中に妖術使いが潜み、嫉妬あるいは羨望をきっかけに、周囲の人々を攻撃するという。妖術に対処する最も一般的な方法は、ムガンガと呼ばれる職能者による治療である。他方、近年ではキリスト教もまた、ドゥルマの人気を集めている。キリスト教徒達は、ムガンガの治療よりも彼等の祈りの方が強力であると主張する。浜本が指摘する通り、ドゥルマ社会のキリスト教に、新たな妖術対策としての側面があることは確かだろう〔浜本 二〇一四〕。しかし、情熱的な信徒達に出会った時、このような整理への懐疑が生じる〔岡本 二〇一七、近刊〕。熱心なアカのキリスト教徒の存在をどのように捉えるかという問いは、上述の論文の末尾で、カムラーが掲げていたものでもある〔Kammerer 1990〕。

G村 EAPC 支部の，新しい成員のための祈り

私が通っているG村は、ケニア海岸部の都市モンバサから、車で二時間ほど内陸に入った所にある。G村には East Africa Pentecostal Church（EAPC）という教会の支部がある。冒頭に掲げた青野の著書では、パウロの思想の中に占める十字架の位置をめぐる詳細な議論がなされている。それは単なる解説の域を超えた、十字架上のイエスの苦悩に付随する逆説的な救済をめぐる、著者の思索でもある。著者とパウロとの対話であると言ってもよいかも知れない。G村の教会では、十字架を見かけなかった。村で十字架が手に入るわけではな

いし、街に出て買って来るだけの余裕がある人も少ないだろう。とはいえ、少し工夫すればそれらしいものを飾ることはできたはずだ。恐らく、どうしても十字架を壇上に掲げなければいけない、とまでは思っていないのではないか。

日曜礼拝では、差し迫った問題に立ち向かうために祈ることが、その主眼となっているように見える。また、祈る際の声や歌、更には踊りの熱量が、祈りの効力の指標とされているようでもある。こうした状況では、確かに十字架の出番は少ないのかも知れない。罪――この単語自体が普通は出てこないのだが――が専ら妖術使いの側にあるとするならば、少なくとも、人類の罪に対するイエスの贖罪を表すために十字架を飾る必要はない。信徒達はまた、病気や家畜の死、子供の学費といった問題について神に訴える。これらの問題の多くが妖術と結び付けられ、その撃退が神への主訴となる。個別の問題が解決した場合には、そのことに関する神への感謝が語られる。こうした状況だけに注意を向けていると、信徒達の活動が高度な思弁を欠くという解釈が、もっともらしいものに見えてくる。しかし、そのように結論付けてしまうにはまだ早い。

2　体験談と思索

十字架にかけられたイエスの叫ぶ内容は、三つの共観福音書――マルコ、マタイ、ルカの福音書の総称であり、これらの文書はその内容に関しても共通点が多い――の中でも異なる。最も早

徒歩でインタビューに向かう道中

く成立したとされるマルコ福音書では、イエスは奇跡の起きないことへの絶望を吐露する。上述の通り、それをあえて勝利と捉えるパウロの逆説の持つ意義について、青野は詳細に論じている［青野 二〇一六］。一見したところ、ドゥルマの信徒達の語りは、この種の思索とは大きく異なるようでもある。しかし、信徒達の語る内容に、それとはまた異なる形での思弁を読み取ることもできる。ある信徒NM（女性、四〇歳代）は、G村EAPC支部で副牧師を務めている。ある日曜日に聞いた、彼女の説教の一部を挙げる。

NM　イエスを称えましょう。神自身は偉大で、［……］［神よりも］優れた人を見ることはありません。それは嘘です。もしもあなたがイエスへの信仰と共にあったならば、その人物や、また彼のその物と一緒にあるかも知れませんが［妖術使いの攻撃を受けているかも知れないということ］、しかし、彼等は［神やキリスト教徒に打ち勝つことは］できないのです。［……］もしも妖術使いの近くにいたならば、あなたは早々に努力するでしょう。何故なら、あなたはあちこちを回って、祈り続けるでしょうから。しかし、もしも妖術使いが遠くにいたならば、あなたの努力は遅れてしまうでしょう。あなたは遅れるでしょう。何故なら、あなたはただ平穏でいるからです。しかし、あなたがあなたの敵や口論について毎日考えるなら、それを取り除くようにあなたが［神に］言うまで、それ［平穏］を忘れてしまうでしょう。「神よ、私は救われます、助けて下さい」。さて、あなたが神にチェックをされます。しかし、もしも妖術使いが「あなたから」遠く離れていたなら、努力が遅れてしまうでしょう。

妖術使いがいたからこそ、神との出会いがより早くなるのだとＮＭは語る。これが逆説を伴う思弁であるなどと言うつもりはない。しかし、キリスト教が単なる妖術対策であって施術の代替案に過ぎないともしも述べたならば、日曜日ごとに教会で、あるいは何か問題が生じる度に仲間の家でなされる、叫び声の応酬のような祈りの背後にある当事者の思索は、我々の視界から抜け落ちてしまうかも知れない。

厄介なことに、多くの信徒達は、この手の思索について語ることを必ずしも好まない。それは牧師の仕事だと思っている節がある。祈りの効果についての賛美と感謝を語るのが自分達の役割だと、多くの信徒達が考えているらしい。それを一定の形式の中で語れば、ウシュフーダと呼ばれる体験談になる。私の出会った信徒達の多くが、この種の逸話の持ち主だった。

他方、ある女性信徒FK（三〇歳代）は、それとはやや異なる体験談の語り手だった。彼女は自分が神に予言の能力を与えられたと主張し、また、仲間達が言及しない死後の世界や永遠の生命という主題について述べていた。FKは、キリスト教徒になったことで、未来の出来事を予知する能力が自分に備わったのだという。こうした主張は、決して一般的なものではない。

FK　今、私達に神が与えて下さる助けに、私はとても感謝しています。例えば、もしも私の子供や夫、私自身が熱を出すということがあれば、私は前もってそれを知ることが出来ます。誰かが死ぬといったような悪いことが起こる時には、それが起こる前に私にそれが示され、私が仲間達とそれを避ける為に祈り、すると神はそれを聞き届けて避けて下さいます。要するに、神は私に預言の仕事を与えて下さったのです。ですから、私が言っているのは、私がキリスト教徒になってから、神は自らの仕事をなすために私を使っているということです。私がイエス・キリストを人生の救世主として受け入れて以来、私は多くの違いを感じています。実際のところ、神は私が母親のお腹の中にいた時から、神は私を選んでいたのです。

FKの語りには、もう一つ、他の信徒の語りとは異なる主題が現れていた。死後の世界への言及である。G村で私の出会った信徒達が、天国や死後の生命について体験談の中で語っていた記憶がない。

ＦＫ　私の目標は、私の救済の旅を成し遂げることで、私は神に、私が永遠の命を得ることが出来るようにして欲しいのです。私の前に立ちはだかる問題を私は困難とは思いませんが、それは、私がそれらに立ち向かうことによって永遠の生命を得たいからです。私は、私が天国で神の客人となれるように、この世界での［私の］命を作り上げたいのです。私には神という助けがありますから、もしも困難なことが起きても、私は混乱することはないでしょう。実際のところこの世界で私達は客人で、本当の故郷は天国なのです。神は今でも私のために偉大なことを毎日のようにして下さっているので、私はとても感謝しています。

確かに、それ程複雑な思想が語られているわけではない。しかし、ここでＦＫが、救済や永遠の生命、天国に言及していることは確かである。

ＦＫは自らの予知能力について語ったのだが、それを周囲が真に受けていたという風でもない。ここに挙げた彼女の談話を聞いた数年後、村に戻った。彼女はもうＧ村ＥＡＰＣ教会にはいなかった。彼女の夫は亡くなったという。ＦＫは子供達を方々に預けたらしいのだが、あまり詳しい話を聞いていない。皆があえて言わずにおくような出来事が続いたのか、それとも彼女の行き先を周囲が知らなかっただけなのか、今でもよくわからない。

3　人類学者の改宗研究

様々な難題に突き当たる中で、FKは、神が彼女と家族に与えた恩恵の証拠を探し続けていたようでもある。彼女が祈るたびに夫婦の不和が解決したと、夫の生前にFKは語っていた。また、彼女達の住む小屋がだいぶ傷んでいたとしても、それは前よりは良い状態なのだ、とも聞いた。ちなみに、彼女は聖書を読んだことはなく、教会で牧師の語る内容を聞いただけであるという。これは恐らく多くの信徒達に共通する点だろう。牧師の指示に従って青年信徒が聖書の一節を朗読することがよくあるのだが、集まってくる女性信徒達の多くは聖書を持っていない。また、一人で本を読むという状況自体が、村の女性達の暮らしの中では生じにくい。

複数の福音書の違いについて、FKが考えていたとは思えない。しかし、度重なる困難に直面してなお彼女がその中に何らかの意味を見出そうとしたならば――仮に彼女がキリスト教徒であることをやめるようなことがあったとしても――そこには、逆説的な救済という主題が生じ得る。祈りと妖術の対決として、ドゥルマのキリスト教を捉えることは容易である。しかし、NMやFKの説教や談話は、こうした捉え方の限界を示している。一見したところ素朴に見える実践や言説の背後にも、個々の信徒の思索があり得る。このことの考慮からはまた、書き残された神学者達の対話と、書かれることのない信徒達の談話の間の往復という課題を引き出すこともできるだろう。改宗者の内面という対象を人類学者が扱おうとする時には、この往復運動が一つの糸口となるかも知れない。

❖参照文献

青野太潮　二〇一六『パウロ――十字架の使徒』岩波書店。

岡本圭史　二〇一七「改宗過程の捉え方――ケニア海岸地方ドゥルマにおけるキリスト教と妖術」『宗教と社会』二三：一―一四。

近刊『せめぎ合う霊力――ケニア、ドゥルマ社会におけるキリスト教と妖術の民族誌』風響社。

関　一敏　一九九六「信仰論序説」『族』二七：一九―二九。

二〇一二「呪術とは何か――実践論的展開のための覚書」『呪術の人類学』白川千尋・川田牧人（編）、八一―一一二頁、人文書院。

浜本　満　二〇一四『信念の呪縛――ケニア海岸地方ドゥルマ社会における妖術の民族誌』九州大学出版会。

Anderson,R.T. 2003 Constraint and Freedom in Icelandic Conversion. In *The Anthropology of Religious Conversion*. Andrew Buckser and Stephen D. Glazier (eds.), pp.123-131. Rowman & Littlefield Publishers.

Gooren, Henri 2010 *Religious Conversion and Disaffiliation: Tracing Patterns of Change in Faith Practices*. Palgrave-Macmillan.

2014 Anthropology of Religious Conversion. In *Oxford Handbook of Religious Conversion*. Lewis R. Rambo, and Charles E. Farhadian (eds.), pp. 84-116. Oxford University Press.

Kammerer, C. A. 1990 Customs and Christian Conversion among Akha Highlanders of Burma and Thailand.

American Ethnologist 17(2):277-291.
Smith, W. C.　1991/1962　*The Meaning and the End of Religion*. Fortress Press.

狩人とアフリカミツバチ

【マリ】

溝口大助

1　傷の痛み

二〇〇七年一二月一二日の夕まぐれ、私は、助手ママドゥ・クリバリとともに埋葬儀礼の調査を一通り終え、別の集落から自分の住む集落に帰る道すがら、辣腕の狩人（dozo）チャキラの家に立ち寄った。仮面着用者でもあるチャキラの虫刺されの傷口を治療するためである。私は、二〇〇七年一〇月中旬から、昼間の調査が一段落ついた夕方になると、助手ママドゥとともに、世帯ごとの怪我人や病人の往診をしていた。というのも、ママドゥが、マリ共和国国立バマコ大学医学部学生だったし、村人達に以前から往診を請われていたからである。私の個人的な目論見は、村人の診察と治療の中で医療人類学的データを直接収集することであった。

チャキラの往診のこの日も、いつものようにフィールドノートとICレコーダーを片手に、大量の抗生物質、消毒液、ピンセット、解熱鎮痛薬、ガーゼ、脱脂綿などを袋に下げて、治療に従事していた。その往診の中で出会ったのが、チャキラの傷口だった。

この日、チャキラは黒光りする艶を放つ一〇本ほど連なった丸太ん棒の端のいつもの特等席に座っていた。彼は、供犠の血や狩猟活動で元々の色が分からなくなった泥染めの焦茶色した狩人の着古しに五本ほどの銃弾を胸元にさし、粉たばこを口の中に入れてはしばらくして茶色になった唾と一緒に吐き出し続けるいつもと変わらぬ様子だった。酒場と化していたチャキラの住みかは、モロコシ醸造酒チャパロをなみなみと注いだ瓢箪容器を手にして陽気に語らう少々風変わりなひょうきん者たちが集まる一杯飲み屋の佇まいを備えていたのだから、居宅の隅っこはある種の明るさをも帯びていた。

このチャキラの傷口を初めて見たとき、彼は、狩人のこけんに関わると思ったのか、右肩から左手の甲まで狩人の服装でその傷口を完全に包み隠していて、ママドゥと一緒の往診のときにはじめて血だらけのガーゼで覆った傷口を私たちの前に曝け出してくれた。血と膿などの分泌物でガーゼと傷がへばり付いて癒着していたので、用意してきた医療用アルコールで一〇分ほど湿らせ、ガーゼを剝ぎ取ったとき、チャキラは、明らかに我慢した表情の奥で嗚咽に似た激痛を感じたむせび声を出し、体をよじった。

ガーゼがうまく剝がれた後、私たちが近づいても、汚れた傷口の中がうまく見えないので、脱脂綿に湿らせたアルコールで傷口の周りから拭き取っていった。よく見ると蛆虫が血のついた薄い緋色の胴体をよじりながらその傷口の中で蠢いていた。部位によっては微妙な色の濃淡を残しており、傷口の深いところは白と赤黒さが目立ち、縁に近づくにつれ肉が少しめくれて明るいピンクの部分も覗かせていた。彼はシュー、シューと荒い鼻息を鳴らし、その乾いた音が周囲を凍り付かせた。私は、この広い傷口から発せられているような声にならない悲鳴を静聴するほかなく、見守る周囲の無言の静けさをより強調するかのように、いつもは気にならないロバやけんぺい鳥のけたたましい鳴き声が耳をついた。

2　治療

ママドゥはといえば、医者の卵として冷静さを装い、知らぬ存ぜぬといった顔で取り澄まして治療に当たっていた。他方、私は、狩人の太い腕を食い破って蠢く蛆虫に怖じ気立って、凝視し続けることしかできなかった。家長であるチャキラの様子を心配した家族や隣人が総出で治療を見守っていた。二人の妻は、どちらも口に手を当て、渋い顔をしているし、子供たちもときに狼狽して体をのけぞらせて口を開けたまま、お互いに手を絡めあって手当ての顛末を見守り、静かに何かを耳打ちしあっていた。相変わらずのごとく夕方の蚊に刺されてかゆみを感じたので、このときふいにICレコーダーの液晶を見ると、小さく一二月一二日一七時三二分と書かれていたのでフィールドノートに時間を書き付けた。

チャキラは、見られているという自意識が働いたせいか、こちらが見ているだけで声を上げたくなるほどの傷の痛みを我慢して、小さい声で、だが明らかに嗚咽のような鼻からせり出す低い悲鳴を何度もあげていた。大きく口をあけ、咽頭の奥の声門を押し上げるような静かな嘆声とシューシューという音を出して鼻から呼吸していた。彼の目には、痛みと暗然たる憎悪が込められていた、ように感じた。というのも、この憎悪の理由は実は邪術とその背景となる政治的状況に根差すもめ事にあったからである。

私は、治療を施すママドゥや家族達と異なり、ぎごちない不慣れな挙動でその場に溶け込めないまま、傷口だけをただじっと凝視することしかできないでくの坊のような存在だったに違いない。悲鳴のようなわずかな嗚咽が私の耳の奥で何度もこだまするなか、ママドゥは、慣れたような身ごなしで、アルコールで傷口の周りを拭き取るときも、「大丈夫、大丈夫、こういう傷は色々な病院で診察をしてきたんです、それなりに傷は深いですね、ともかく薬を飲んで安静にしていれば、快方に向かいますよ」と声を掛け、血と膿とで塗れたガーゼを医療助手に渡すように私に手渡した。

長期間交換していなかったため、血と膿がべっとりと粘着した古びたガーゼのぬめりが、私の右手の手のひらに包まれたとき、狩人の腕の肉と血の中で微動している蛆虫を目の前にして、むかむかしたのを今でもよく覚えている。もちろん、血や膿、切った毛髪や爪、排泄物、食べ残し、唾や鼻水など、邪術の典型的な材料になるものは、邪術つかいがもっとも必要としている道具だと考えられているため、その虫酸が走るような血でぬらつくガーゼを大事に取っておき捨てる役割を担っていた私は、医療助手として大事に黒いビニール袋にそれを投げ捨てた。

何の役にも立たず、怖じ気づいて人類学的な話も聞けずに、顔を伏せぎみに治療の様子を凝視していた私は黙っているほかなかった。現場にいたときの記録を読み返してみても、その傷口の中で蠢く蛆虫が胴体をよじりながら動いていた姿をある種の痛感と共に今でも想起できる。

当時、ママドゥが相変わらず猫背のままズンズンと患者に近づいていって、右手をあげる仕草をすると、なぜかいつも、私は医療助手としてすぐに取りかかるべき作業を指示されたと思い、行動していた。慣れからなのか、ママドゥの動きと視線を自動的に読み取って全身が反射的に動いた。医療用アルコールの蓋を素早く回して、それをとっぷり浸した脱脂綿をいつものように黙ってママドゥに渡してから、私は簡単な呪文を唱えながら手のひらと指をアルコールで念入りに殺菌し、治療を始めるようにしていた。まるでどこかで見た緊急医療ドラマの外科手術の一場面のような雰囲気で、施術の猿真似をしているようだった。

「ガーゼと軟膏は必要ですか、ずいぶん傷口が深いですね」と私が聞くと、ママドゥがじっと何か考え込んだような身ごなしをしてから、とっさに判断したようなそぶりで、「うん、今日は、無用だね、明日、ガーゼを交換すればいいさ」と言葉を返すような珍問答が繰り返され、当時、治療の手続きで沈黙が続くとき呪文がいかにも厳かさを付け加えるのだという馬鹿げた考えを私は抱いたまま荒治療が展開されていた。患者のチャキラと周囲の親族の些細な動きなどから読み取れる真剣さを、演出の行き過ぎによるこざかしさで壊すようなことはすまいと私が必死だったことだけは、フィールドノートを読まずともよく覚えている。

血塗れの綿布を取り出して、インチキで患者を治療するなどといった詭計を用いた見かけ上のカラクリを奔放に操って、村人からの絶大な信用を勝ち取るいかさま施術師ケサリードの姿をこの狩人の施術中、私はたびたび思い出していた（レヴィ＝ストロース 一九七二）。私は、半分真剣にびくつきながら、半分は面白がって儀礼的に治療実践に従事していたときにこそ、金槌で頭を殴られるような生々しい現実に遭遇していた。アフリカミツバチによる狩人への虫刺されが邪術の攻撃で重症化したのだという彼らの解釈の真剣さが、私にとってははじめから譫妄に近い村人の妄言の寄せ集めだとどこかで猜疑していた。

だが、血塗れのガーゼのぬめりを手のひらに包み込むリアルな感覚にしびれつつ、インチキ施術を続けていくうちに、彼らのその真剣さに巻き込まれてしまい、しまいには多少とも邪術に対抗できる力をほのかに備えた人物として村人の妄想によりママドゥと私が仕立て上げられていくという、自分の無様な姿を当時は面白がっていたのかもしれない。このイメージの下ごしらえが布石となって、決定的に悲劇的な顛末を迎えることとなることもその時は知らなかった。同時に、妖術についての譫妄が直接的に肉体に打撃を与え最後は命まで奪ってしまう、といった象徴による身体的効果を分析したマルセル・モースの議論が、目の前で展開しているとすらぼんやりと感じていた。

3　重症化

傷口が重症化した経緯を辿ってみよう。チャキラは、家でモロコシの蒸留酒を飲んでいたときにアフリカミツバチに刺されたという。とはいえ、しょっちゅう普通のアフリカミツバチに刺されているので、何ということもないと思い、特別に治療もしなかった。だが、その翌日から、右肩下から肘まで膨れ上がり痛みだした。彼自身、薬草師でもあったため、薬草を探したり、他の治療師に頼んで手当てしてみたが効果がなかった。チャキラは、アフリカミツバチに刺された程度で腫れるようなこともこれまで経験したことがなかったため、心ばかり不安に思ったという。そこで、彼は、卜占師にその原因を探ってもらうと、このアフリカミツバチが、ただの虫ではないことがわかった。卜占師によると、このアフリカミツバチは、コロティの邪術に違いないという。卜占師はチャキラに薬草を渡して、様子を見なさいと指示したが、腫脹がおさまるどころか、益々、悪化した。

彼は、ろくに右手を肩まで上げることもできなくなり、みじめな気持ちになり、夜も眠れなくなったという。日増しに腕の腫脹と痛みは悪化して化膿するようになり、傷口が開いて蛆が這い回るようになった。傷口が重症化していったため、彼は、郡に唯一ある簡易診療所に診察に行った。簡易診療所の保健師は、七〇キロメートル離れたカディオロ県立病院に行って、外科手術で右腕を切断しなければ、右半身はおろか、放置して二次感染でも起こせば死に至るとまで言い切られ、衝撃を受けたという。

このまま放置すれば死に至る。しかし、チャキラは、狩人ドゾとして、また農耕民として、右腕を切断して、生涯、利き腕を失ったまま生きていくという選択を受け入れることができず、結局、カディオロ県立病院に診察に行くことはなかった。右腕を全て失うぐらいだったら、死んだほうがましだと真剣に考えた夜もあったということこの期間、自分で食事を摂ることも難しくなってきていて、そもそも食欲も減退し痩せてきていた。この時期、死んだほうがましだと思う前に、その原因をもたらした人物を殺さなければならないと考え、そしてその考えは集団で実行されていた。

こうして随分と致命的な傷口になってしまっていたときに、私たちは、チャキラの治療に取りかかったのだった。私も、チャキラの傷口のことは多少知っており、化膿止めなど渡していたが、ママドゥが到着して、治療に取りかかるまでは、本当の傷口の重症化については詳細に把握していなかった。

4　邪術

この出来事に独特のトーンを与えていたのは、このアフリカミツバチの攻撃が邪術つかいによって使わされた攻撃だったという事実だ。私は一頃この一見些細な事件をどのような出来事として位置づけることができるのか考える余裕もなく、その後の毎日の治療の折も、この狩人とその傷口に圧倒されていた。最初、この傷口は、たまたまアフリカミツバチに刺されたことがきっかけでその蜂刺傷が炎症を起こして広がった後に、徐々に重症化した傷だった。見たところ、農作業、とくに開墾中に小さな斧などでできた外傷のようにも見えたのだが、実はアフリカミツバチに刺されたごく平凡な何でもない傷だった。それが、右腕を肩の三頭筋辺りから切断しなければならないほど刻一刻と重症化した傷になったことがむしろ問題だった。その病態が、彼や隣人の村人たちが用意するできる治療技術では全く歯が立たないありさまとなり、日常生活におけるほとんど全ての活動を休止させるほどの傷口の痛みは、家族や村人たち、そしてその痛みの主である本人を異常な状態に畳み込んだ。この重症化は死にいたるかも知れぬという心許なさからこの痛みの原因を特定しようという行動を促した。占いである。彼は、隣人の占い師ニョモゴ・チオノンの占い小屋にも日常的に通い詰め、村々の占い師を往来した。邪術の攻撃によるアフリカミツバチの刺し傷であることだけは確実であった。問題は、その邪術つかいが誰なのかという段になると色々な見解があった。

仮面着用者であり、狩人でもあるチャキラは、その呪術的職分の実行能力に連絡した邪術に対抗する能力を個人的に有しているだけでなく、狩人結社や仮面結社が備える団体としての能力をも享受できる地位にいる。一般的に薬草師や治療師、呪物つかい、仮面着用者はしばしば邪術つかいの技術をもっているとみなされているのだから、チャキラ自身も村人から潜在的な邪術つかいだと考えられていたのは間違いない。狩人の技術、たとえば森の精霊に許しを得るために供犠を執行することで狩りに出かけたり、あるいは技術の面で、獲物に気づかれないように呪薬と呪文で動物に変身したりする秘伝の技術は、呪術的技法と絡み合っていて、神秘的な要素を有するからだ。

加えて、彼が村から金鉱に出かけて留守にしていたとき、セイドゥ・コナテとかいう郡役場の人物がたまたま村を訪れ、「右腕だけじゃないぜ、右腕が腐ったら、次は、右半身さ」と奇妙なことを言って帰っていったというので、彼はいよいよ先行きを案じた。

この狩人は、その父から継承されたウォデギという強力な仮面の着用者でもあった。この仮面は、普通のコロティの邪術など簡単に跳ね返して、むしろ邪術をかけたほうが返り討ちにあってしまうほど強力な仮面だった。傷による身体的な痛みだけでなく、他にも気が揉めていた狩人は、不安で卜占師や薬草師のところに通い詰めたが、誰もこの種の邪術は知らないという。なるほど、アフリカミツバチやシロアリなど身近な虫を使って攻撃するコロティの邪術はよく知られており、本当にこの種の邪術が効果的に使われたのならば、ふつうは病気になって短日月のうちに命を落としてしまうはずである。短い期間で死ぬまでには至っていない。ここでの邪術は、チャキラが「このコロティは俺たちのところのやつじゃあねえよ」と言っていたように、蜂刺傷が時間をかけて重症化し半身の自由を奪うなどといった病はこの地域で聞いたこともない邪術だったので、その異様さが狩人を一層不安にさせていた。

狩人が不安になったのには、同じような邪術の攻撃で身近な人物が夭逝したという経験を経ていたからだ。西アフリカの食生活に必須のヒロハフサマメノキの実が大量に収穫された、農民たちにとっては幸福な当たり年の二〇〇二年一二月、チャキラの隣家の娘カンダナちゃんが不幸な邪術によりアフリカミツバチに刺されてあえなく息の根を止められた惨劇を村民はよく覚えている。カンダナちゃんは、母と共に、ソースの調味料として貴重なヒロハフサマメノキの実がたわわに実っている、村からそう遠くは離れていない森に入って収穫に勤しんだ。収穫を終え村に帰り家に入ろうとしたとき、一匹の蜂が頭を刺したので、追い掛けていったが逃げていってしまった。カンダナちゃんが母の小屋に入って報告しようとすると、急に悪寒が全身を襲い突然震えだし、痛みで叫びだした。両親はともかく色々な民間医療薬を試してみたのだが、はかばかしい結果を得ることはできず、チャキラが持っていた薬も渡したらしいが、翌日、帰らぬ人となった。このようなことがあったことをチャキラはよく語って聞かせてくれた。このような邪術の身近な体験がチャキラに死を予感させていた。

息の根を止められるという死の想像力を働かせていたチャキラの場合、傷口の痛みを自分の体から取り除くことができない状態が、その痛みの裏にある政治家が邪術により「復讐 *janva*」している姿を確認する作業と同じだった。そこから、郡長や彼が利用している環境省なり内務省という抽象的な身分や制度への怒りを、ナンバガ・クリバリという固有名をもつ郡長へと収斂させることで、執拗な激痛により憎悪を増幅させていた。

あの郡長が余計なちょっかいを出してこなければ、お互いの憎悪を増幅することもなかっただろうし、自分のこの痛みを感じることもなかったのだ、と彼は恨んでいた。ただただ、チャキラは、郡長に消えて欲しかったようだ。この耐えがたい痛みが消えて欲しいという感情は、その原因となった郡長の存在が消えて欲しいという感情と表裏一体だった。消えて欲しいという正直な真情は、つまりは率直に言って殺すほかないという集合的感情にもいずれ逆流していく。彼らは、そういった個々人の不幸が集合した結果、集合的行為としての邪術合戦が、すなわち祝福としての（その反対の呪詛としての）供犠合戦の中にいた（溝口 二〇一七）。

その後であるが、傷口周囲の皮膚と筋肉は破壊され、肘が動かなくなっていたため、血と膿で汚れたガーゼを取り外し、殺菌した上で、抗生物質、化膿止め、ビタミンなどの薬を投与しつづけ、一ヶ月の治療で傷口はほとんど完治した。村人たちは、ママドゥの治療がなければ、チャキラは若死にしていただろうと、口々に言い合っていたようだ。

5　理論からはみ出すアフリカミツバチの刺し傷

身をよじって低い声を上げさせる執拗な痛みに逆らうことが敵わない狩人の治療を目の前にして、私はそれを恐怖の対象とみなしながらも、妙に安心した。血と膿に凝着した傷が徐々に腐敗してくれれば、その痛みと熱で気絶するだろうということも容易に想像させた。そして実際にこの時期痛みで彼はしばしば気絶していた。だから私は痛み止めを与えていた。この気絶するほどの痛みの向こうにはそもそも何も存在しないはずである。とにかくこの痛みから逃れようとするだけだろう。そこまでは造作なく想像できたが、安心するのはここまでで、予想ができたとはいえ、彼がこの痛みの原因が邪術の仕業だと、現実の痛みと同等の資格で確信していたため、この安心感は崩れ去り、しがみつくものがなくなってしまった。もちろん妖術や邪術についての理論は聞き慣れていたとはいえ、まだこのような事態を事例と分析にまで引き上げるほど妖術や邪術の理論に習熟していないからなのだろうか、とも思ったし、今でも思っている。

このような生活の中で起こる邪術についての出来事が発する恐怖と魅力があまりにも強いので、急ごしらえの思いついた考察や勉強してきた理論でいかにつくろっても、結局、何も分析できないのではないかと不安になることは多い。彼らとともに生きる邪術の日常世界の豊かさを記述することのできない不安は募るばかりである。不純な虚構が根こそぎ払い除けられた、醜悪な血や膿の中で蠢く蛆虫から発するような強烈な風景を前に呆然と立ち尽くしているからこそ、どんなに理論武装してもこのいきさつを記述するとき必ず何かがこぼれ落ちてしまうということが自明すぎるからこそ、不安が募るのだということだけは分かるのだった。けおされるほどみずみずしい日常が宿す異常さを処理できない自分に不安を感じていたのだろう、と思う。

昆虫のせいで屈強な狩人の肩口から下の腕を全て切断するほど傷口が重症化し、狩人の生業の命でもある利き腕を使いものにならなくさせてしまう邪術の仕業についての事件が、政治的含意を宿すなどということよりも、現にこの被疑者の特定できぬ邪術の犠牲者として、激痛と死の恐怖に怯えるほかない狩人の悲劇の経験が熱狂させる物語として、心許無い胸騒ぎで過ごす家族や村人達や国境を越えた親族達に刺激剤として伝染していった。その結果、国境を越えるほどの話題の大きな渦を生み出していった。

この邪術についての悲劇の物語を触媒として、各村の村人一人一人が個々の痛みや不幸の経験を重ね合わせる力となり、増幅した物語が駆動される力となったことは確かだ。それは、身体の痛みを貫く、伝染しやすい物語を、針小棒大にしてまことしやかに誇大化する刺激的な茶飲み話として、楽しむという民衆性をもっていた。それがたまたま救済されたチャキラにまといつくカリスマ性を高め、その後、この男が「復讐」として命をかけて地方選挙で活動するようになったことは、人々に更なる話題性を提供することになった。思いもかけぬところから村人達が熱狂的に語りに引き込まれやすい邪術を巡る物語が強烈な呪術的メッセージとして燎原の火の如く燃え広がったが、地方選挙の折にまさかそれが政治的メッセージに転化するなど、誰も予想できなかったに違いない。いまだにこの邪術事件が政治的メッセージに転化しただなんて考える者などいないだろう。

しかし、二〇一六年一一月、事実として確実にこの出来事が、人々を動かし、地方選挙で狩人陣営に勝利をもたらした。呪術を巡る大衆性を帯びた楽しみですらある想像力の喚起に政治性が宿ったとき、奇しくも、この政治的メッセージを最大限に活用したのは、自分の父を郡長の仕掛けた巧妙な邪術により殺害された医者の卵ママドゥ・クリバリだったのだ。そして私は、この物語空間の中の一要素として助手ママドゥに政治的に利用されていたのだった。

❖参照文献

レヴィ=ストロース、クロード　一九七二『構造人類学』川田順造・荒川幾男他訳、みすず書房。
モース、マルセル　一九七六『社会学と人類学 Ⅱ』有地亨・山口俊夫訳、弘文堂。

ショートエッセイ①

機内食を初めて食べた少女の話

山野香織

今からもう一〇年以上も前の話であるが、テレビやネットニュースなどでよく似た話題を目にするたびに、今でも時々思い出す。ほんの数時間、偶然同じ飛行機に隣り合わせた、瞳輝く少女のことを。

二〇〇八年一〇月の末、エチオピアで約一ヶ月間の最終予備調査を終えた頃だった。これから帰国し、いよいよ修士論文の執筆も佳境に入ろうとしていた。エチオピアの首都、アジスアベバで居候させて頂いていたホストファミリーとお別れの挨拶を交わし、ボレ国際空港からドバイ行きの便に搭乗した。私の席は四人がけシートで、左二席にムスリムらしき夫妻、右一席にエチオピア人らしき少女に囲まれる形で席についた。エチオピアからドバイまで約四時間。その間に夕食の機内サービスがあった。

「チキン・オア・ラム?」と、アラブ人のキャビンアテンダントが尋ねにまわってきた。チキンカレーかラム肉のトマトソースが夕食のメニューだった。最初に奥に座っていた私が尋ねられ、「チキン」と答えた。右隣に座っている少女の視線が気になる。私にチキンプレートが渡されると、次に、少女が尋ねられた。彼女は小さな声で、早口で「チキン」と答えた。私はアルミの蓋を開け、ナイフとフォークを袋から出し、サラダとデザートの蓋も開け、ナプキンを膝の上に敷いた。やはり視線が気になる。私がする動作を、隣の少女がずっと見ていた。そして、少女はまるで私の動作を真似るかのように、全く私と同じ動作をし始めた。アルミの蓋を開け、ナイフとフォークを出して、ナプキンを膝の上に。私は少女を気にしつつも、あまりの空腹に声をかけることなく黙々と食べ始めた。

夕食を食べ終わってしばらくすると、少女が初めて声をかけてきた。「ワッタイム?」と、覚えたての英語のようにぎこちなく。彼女が手に抱えている『ダヴィンチ・コード』の小説の文字がアムハラ語だったので、少女がエチオピア人であることは気づいていた。私はとりあえず「〇〇オクロック」と英語で答えた後、アムハラ語で話しかけてみた。「どこに向かうの?」と。すると少女は、「アムハラ語話せるの!?」と、とても驚き、喜んでくれた。それからドバイに到着するまで、彼女との会話は途絶えなかった。

細身で背が高くて、髪の毛をストレートに伸ばしている典型的なエチオピアン・ガールの名前はザウィア。笑顔がとても可愛らしい。一八歳で、学校には一〇年生まで通ったので英語は片言だけど少し分かるという。エチオピア北部ティグライ州にあるメケレという町の出身だが、父親が亡くなり、女手一つで養ってくれた母親を助けるために、海外で出稼ぎをしたいと思い、一人で首都アジスアベバに出てきて三ヶ月。ようやく今日、「出稼ぎ」へと旅立つのだそうだ。

「あなたはエチオピアにはどのくらいいたの?」とザウィアが私に聞いてきた。「エチオピアを行き来して一年くらいかな。今回は一ヶ月だけ滞在していた。ところで、あなたはこれからどこに行くの?」と質問をした。「クウェートよ」と彼女は答えた。

「何の仕事をしに行くの? 住むところはあるの? 親戚とか知り合いの人はいるの?」と、なぜだか私は急に心配になって尋ねた。「心配ないよ、兄が向こうに先に行ってるから。メイドの仕事が決まっているけど、仕事があるなら何でもやる!」と、彼女は自信ありげに答えた。

「そっか、なら安心だね。ところで、あなたは飛行機に乗るのが初めて?」

「うん、初めて。でもそんなふうには見えないでしょ?」と彼女は照れ笑いして見せた。

私の動作を同じように真似ていた彼女を思い出すとにやけてしまいそうになったが、「全然! 見えない!」と答えた。

「外国も飛行機も初めてだけど、私は何も恐れない」と彼女が言った。

「強いね。私なら一八歳で一人外国に仕事をしにいくなんて無理だ」

「でもあなたは一人でエチオピアに来て、言葉を覚えて、もう一年間もいるんでしょ? あなたこそ強い人よ」

「それはどうかな。ねぇ、クウェートに行ったら言葉も違うよね?」

「そう、アラビア語だから」

「食べ物は？　インジェラ（エチオピアの主食）はちゃんと持ってきた？」

「いいえ、クウェートにインジェラがないのがとっても不安。向こうの食べ物に慣れていかないとね」

「そっか。荷物は何を持ってきたの？」

「何も持っていない。この本と、衣類は彼らが持っていると思う」

「彼ら？　あぁ、一緒に行く人がいるんだね。お金は？　ちゃんと持ってるの？」

「いいえ、それも彼らが持っているから心配ない。パスポートも航空券も、彼らが持っているわ」

彼ら、とは。さらに彼女は続ける。

「あなたは日本人でしょ？　エチオピアから日本までどのくらいお金がいるの？」

「うーん、二〇〇〇ドルくらいかな？」

「そんなに必要なんだ」

「でもクウェートまでも結構かかるでしょう？」

「そうなの？　私、知らないの。飛行機代や旅費がいくらなのか、さっき食べたチキンがいくらなのか。全部、彼らがやってくれているから」

さっきから少し気になっていた。私と彼女の後ろの席に、エチオピア人らしき男が三人座っている。そのうちの一人が、私たちの会話を注意深く聞いている風に見えた。ザウィアの席の背面に耳をつけて、じっとしているのだ。もしや、と思って、「彼らって誰なの？」と彼女に聞くと、後ろを指差して「彼らよ」と言った。

こんな噂を聞いたことがある。エチオピアから中東地域へ、人身売買として出される女の子が多く存在すると。あるいは違法な斡旋業者により密入国させられるという話も。事実、中東地域には「カファラ」という、移民労働者を搾取し、管理する独自の制度が広まっている。彼女ももしかしたらその「被害者」なのではないかと、嫌な予感がした。私は後ろの男たちを気にしながら、言葉に気をつけるようにザウィアと会話を続けた。

「クウェートにはどのくらい行くの？」

「二年間」

「それじゃあ二年後にはまたメケレに戻るのね」

「そうしたいけど、私ははっきりとは知らない」

「またエチオピアに来たらあなたに会えるかな？」

「もちろん、私たちはきっとまた会える。私は日本にも行ってみたい」

「私が案内するよ、いつかきっと、日本に招待するから」

「うん、ありがとう、楽しみ」

「クウェートに行くのは、楽しみ？」

「食べ物とか言葉とか不安なことはあるけど、楽しみよ」

「そう。でも、外国って知らないことだらけだから、本当に気をつけて」

「うん、分かった。私は何も恐くないから、大丈夫」

「あなたの宗教は何？」

「エチオピア正教（オーソドックス）」

「クウェートはイスラム教徒が多いよね？　あなたの神様のこと、忘れないで」

「うん、絶対に忘れない」

飛行機がドバイの空港に着陸した。後ろの男たちは私と距離を置くように、そしてザウィアを注意深く監視しながら、こそこそと話をしていた。飛行機を降りた所で、彼女と別れの挨拶を交わした。

「色々とありがとう。あなたと話ができてとっても楽しかった。気をつけて日本に帰ってね」と、彼女は笑顔で私に言って手を握ってくれた。きらきらしていた。

そのとき握った手を、私はできれば離したくなかった。そのまま手を引っ張って、一緒に日本へ、あるいはエチオピアへ、連れて帰りたかった。でも、最後に出てきた言葉は、「あなたも気をつけて」という言葉だけだった。彼女の背中を見続けた。大きな三人の男に囲まれた華奢な背中を、見えなくなるまで見続けた。

ドバイ国際空港

ドバイ国際空港

ザウィアの背中を見届けてから一〇年余りが経つ。その後、私は博士論文を書かないまま大学院を満期退学し、かねてからやってみたかった製パンの仕事に就いた。小さい頃から、毎週日曜の朝になると、家族揃って喫茶店へ〝モーニング〟を食べに行く習慣があり、家族に囲まれるその時間が大好きだった。普段働きに出ていた母親とゆっくり過ごせる唯一の時間であり、祖母の昔話もたくさん聞くことができた。トーストされた食パンとゆで卵だけのシンプルな朝ご飯だが、それ以上に贅沢で楽しい空間がそこにはあった。そういう空間を自分もいつか作ってみたいと漠然と思い続けていた延長線上に、たまたま学生の頃にパン屋でアルバイトをしたことがきっかけで、パンを作る楽しさを教わり、焼きたてのパンを食べられる喫茶店を作りたいという思いが強くなっていった。結局、親の反対もあり大学院に進学することになったが、それでも調査先のエチオピアで現地の人達と食事をする時が一番楽しかった記憶がある。エチオピアでは特に、一つの大きなお皿にクレープ状の大きなインジェラを広げ、おかずのシチューを包みながら皆で食べさせ合いっこをする習慣があり、親しい人と共に食事をするという感覚を、より鮮明に味わうこととなった。

製パンの仕事は全く畑違いの仕事ゆえ、研究でお世話になった現地の人々、指導教官や先輩方、家族に対して、うしろめたい気持ちは大いにあったが（実際に家族を説得するのに一年かかった）、自分の意志で人生を選択していくことは何事にも変えられない喜びであった。製パン業を始めて今年で丸六年。家族が住む実家の近くで、ベーカリーカフェを経営することが決まった。家族や大切な人達の愛に囲まれ支えられながら、私はこれからもこの仕事をしていくと実感しているし、そういう未来が見える。私の人生の主役は、私である。

飛行機に乗り合わせた私とザウィアは、あの時、確かに同じ瞬間、同じ時代に生きていた。あれから一〇年余りの時間を、彼女もまた、誰にも搾取されず、誰にも管理されず、自分の意志で、逞しく生き抜いていることを願う。三人の男たちではなく、彼女の愛する家族や友人達に囲まれていることを願う。人生は誰にも邪魔できない。彼女の人生の主役は、彼女自身である。

ショートエッセイ②

メディアで働いても文化人類学から離れられない理由

髙田彩子

1 「自分とは違う人生のあり方」が見えてくる文化人類学

五年ぶりにその家を訪ねた。滋賀県大津市の仰木という地区に暮らす農家の堀井長一《ほりいたけかず》さんと弘子《ひろこ》さんのご夫婦。弘子さんが言うことはだいたいいつも予測がつく。「もう私もおおきぃ歳になったさかいなぁ。何歳やと思う?」これは一〇年前から同じだ。「七〇代のときも八〇代になったばかりのときも〝おおきい歳になった〟と言っていたじゃないですか」と返すと、「ほんまにおおきい歳や」と副詞を付けて強調する。次のフレーズは年を追って少しずつ変化してきた。「おじさんはもうずーっと家にいはる。することもないし、忘れっぽくならはったぁ」。夫を観察する目はいつも厳しい。

ご夫婦との付き合いは二〇年近くになる。大学二年生のときに「文化人類学調査演習」という、フィールドワークを通してレポートを書く授業があり、同級生の女子二人と堀井さんたちの村に住み込み調査をした。私のテーマは「墓制度とコミュニティ」。予備調査で訪れたとき、農村風景の中にたたずむ数十基のお墓に惹かれたという単純な始まりだった。堀井さんたちは、転勤族として育った私にとって、初めて出会い深く知った伝統的な農家の家族だ。堀井さんたちとの出会いを通じて文化人類学にハマって今も離れられないが、それは文化人類学が、「自分の新たな面を見せてくれる他者との出会い」を祝福してくれるからだと思う。他者との出会いや他者をわかろうとする学問であると同時に、必然的に自分の殻が剝けていくのを感じることができるのだ。その中で起きることは、「同じだよね」で始まるコミュニケーションとはだいぶ違う。

いまはSNSなどで遠く離れた場所にいる人たちと簡単につながることができるようになったが、同時に、自分に聞こえてくるのは似た意見の人の声が中心となり、社会全体がいまどうなっているのかや、他にどんな考えの人たちがいるのかが見えにくくなっている。意見の違う人たちの存在も見えず、対話もできないという不安がある。そんな中で、異なる価値観の人たちと一緒に暮らし、「こうではないあり方」にどっぷり浸かる文化人類学的な経験は、私が身を置いているメディアの世界でも、何かブレークスルーをもたらし得るのではないかと感じている。

2　違和感を発見に　二〇歳で学んだ文化人類学的構え

堀井のおじさんは、地域の有力者だった。応接間に並ぶ数え切れないほどの表彰状や感謝状は、消防団やPTA会長としての功績のほか、県防犯協会や、地元の寺院、自民党から。いずれもコミュニティを代表する多大な尽力や貢献を称えたものだ。大学のゼミの指導教官だった福井勝義さんが私たちを堀井さんに紹介してくれ、名士と名士の約束で堀井さんは、「よっしゃ」と請け負った。そこから私たちは、「京都から来た三人娘」として村の色々な行事や日常に顔を出すこととなった。とにかく地域のことを理解するためには何でもやる。食べる、歩く、しゃべる、手伝う。新しい体験の連続は心から楽しかったが、奥底でずっとジレンマを感じていたのは、寺などの伝統行事での役割分担だ。

2019年夏，堀井長一さん，弘子さん

仰木には、男性は公的なことを行い女性は台所仕事をする、という伝統的な役割分担がある。そこで行われていることを知るには、「女性」として入っていかなければならないのだ。私はそれまで「女性だからこの仕事をしなければならない」と思っ

2019年夏，仰木の墓地の共同管理のようす

たことは一度たりともなかった。しかも大学というコミュニティでは、性別役割分業は完全に時代遅れとみられている。一緒に調査に入った同級生二人も、都会のサラリーマンの娘達で、まぁ抵抗はあったと思う。だがどこかから入らなければならないのだと、私たちは覚悟を決めた。堀井のおばさんに連れられて地区会館に行き、倉庫にしまわれていた数百もの什器を出したりおかずをよそったりと地元の女性たちに混ざって手伝い始めると、やっぱり、あぁ誰が誰に気をつかっているとか、誰と誰が仲がいいとか、どこのお寺がいま勢いがいいといったインフォーマルな情報が入ってくるのだ。基礎的なフィールドワークのアプローチだが、ふだんの自分の感覚に基づく「違和感」を持ったまま、敢えて自分の中の規範とは違うことをやってみることでより、重層的にその世界が見えてくる。

ぐさっと来ることもある。堀井のおじさんには、ことし夏に訪問したときも「まだ子どもでけへんのか」と言われた。私はもう一年も前に離婚を報告していたが、電話で説明したのが聞こえなかったみたいだった。堀井さんはフェミニズム的な感覚や企業のコンプライアンスみたいなものとは全く別のところで生きている。〝だからこそ、こういうところから変えていかなければ"と思うアクティビストな私もいるが、むしろそんなことを聞いてくれる関係をありがたがろうと神経を緩めて、「そうなんですよ」と答えてみる。するとやはり、「まだ子どもでけへんのか」と思う側の心配する気持ちや、そう聞いてくれた背景が切実に感じられてくるのだ。

3 「他者」との出会いが自分の生き方を導く

私はいま、NHKのディレクターとして、報道番組を作ったりネット向けの動画や記事を制作している。「日本で今起きていることをきちんと整理して、多くの人に伝えたい」という思いからだが、きっかけはやはり文化人類学がくれた。

文化人類学分野には大学院に進む先輩が多く、エチオピアやボツワナ、インドやウズベキスタンなど、めくるめく国々での異文化のフィールドワークの話をしてくれた。私もアルバイトでお金を貯めて色々な所に行っては、どこか異国でフィールドワークをする自分を想い描いていた。転機が訪れたのは大学三年生のとき訪れたパラオだった。ひょんなことで、現地でフィールドワークをしているという東京の大学院生に出会い、調査に連れていってもらった。その優しい大学院生は今もパラオをフィールドにする文化人類学者の飯高伸吾さんで、私はツイていた。かつて「南洋」という日本の植民地の一部だったパラオ。日系のお年寄りたちが集まる集会所はヤシの木の木陰にある。彼らにお話を伺っていると、温かい口調の日本語に癒や

2002年，パラオにて。右から筆者，シゲオ・テオさん，キャリー・メリルさん，アイチ・オダさん，タケシさん

されながらも、それが消えていく風景だろうという予感を持った。もともと同じ日本人なのに全然違う運命を辿った人たちに出会い、日本について自分が知らないことや知られていないことがありすぎると感じた。日本という場が作る自他の境界について、実際起きていることを調査したいと思い始めた。

大学院で選んだテーマは「在日コリアンの生活世界」。大学の同級生が在日韓国人で、彼女が自分のアイデンティティを模索する姿を見ながら惹かれていたテーマだった。具体的なフィールドとの出会いはまた、「風景」。大阪の生野区を歩いていると時々、民家の軒先に「卍」が掲げてある。聞いてみると在日コリアンの寺だという。日本のお寺のように本山末寺制度に組み込まれたものではなく、戦前戦後に韓国の僧侶や祈禱師などによって自然発生的に開かれた寺だ。「在日」の世界に足を踏み入れることは、最初から覚悟を問われているようで緊張する。何軒か訪ね歩き、フィールドワークを受け入れてくれたのは、一九八〇年代に来日し、奈良の金峯山寺で修行した高真晃さんが経営する「参尊寺」。朝鮮半島にルーツをもつ人だけでなく地元の日本人も通っており、信者同士が助け合い、認め合うようなコミュニティが生まれていた。

私は、大学二年生で調査に入った仰木とはまた違う自分を発見した。仰木では、伝統的な村落の文化を学ぶ都市部の学生として、「彼ら」対「自分」という図式のまま関わっていたと思う。しかし韓国・朝鮮寺にいる人たちはあまりに多様だった。済州島で生まれた在日一世のおばあさん、その娘と婿と孫、日本に来たばかりのニューカマー、檀家寺を持たない日本人。私も、自分が日本人女性だからこうしなければとか、規範に抗わなければという思いから解放され、自分の人生も自由に開かれているのだと思えた。そんなとき、信者の相談に対応するために人間福祉学の博士号まで取った苦労人の住職の高真晃さんが、「高田さんはどんな仕事をしたいん?　学者になるん?」と好奇心満々に追求してきた。お寺で自己分析みたいな問答をしてもらって、「世の中でいま起きていることをもっと違う形で広い人に伝えたい」という思いがはっきりしてきた。辿り着いたのがメディアの仕事だった。調査する側である自分がフィールドの「他者」に進路指導をしてもらう。この経験は、私が同じようにこの世界を構成する当事者として生きていることをより強く認識させてくれた。

4　取材と編集の過程で「他者」の価値観を反映させる

文化人類学とメディアの仕事で一番似ているのは、調査や取材の相手と関係を築き、情報を得ていくところだ。私が主に携わっている報道分野の場合は、ニュースやトピックの利害関係者やチェンジメーカーを見つけてきて、その人たちがどんな事実を把握しているのか、その事実に対してどう感じているのかをインタビューする。文化人類学が「文化」「コミュニティ」を単位にしているのに対して、報道は「個人」「人権」が単位になることが多いが、私は報道の仕事でも、その人が属する文化、あるいはカルチャーを知り、その場の価値観を尊重することは不可欠だと思う。

二〇一二年に、海外の動きを取材する部署に配属になった。最初に長期取材したテーマが、ミャンマーの民主化だった。カメラマンの先輩の提案で『ミャンマーメディア大改革』という六〇分のドキュメンタリーが立ち上がり、私がディレク

2012年11月モンユワ，スー・チー氏を歓迎する人たち

ターに指名された。長年軍政が続いたミャンマーが民主化へと舵を切り、新聞への検閲を無くすというタイミング。検閲がなくなったときにメディアはどんな記事を書くのかを追う番組だ。ちょうど、国民の圧倒的な支持を得るアウン・サン・スー・チー国会議員の党が政権を取るのではと期待が高まる一方で、スー・チー氏も多くの政治課題の解決の糸口を提示できておらず、スー・チー氏を新たな時代のリーダーとして押すことで読者の支持を得てきた新聞社にとっては悩ましい時期だった。私たちにはのべ二ヶ月のロケ期間が与えられた。ミャンマーの首都ヤ

ンゴンに宿を取り、毎朝新聞社に通い、記者たちとご飯を食べたり家族の話を聞いたり取材に同行したりした。

ある日、興味深い情報が舞い込んだ。「中国が買収した鉱山で公害が発生していて、子どもたちに健康被害が出ている。それを若手記者が取材に行く」というのだ。ミャンマー人記者について鉱山の近くの村に行ってみると、手や足が細く曲がった子どもたちや、頭に大きなこぶのある子どもが数人、親に促されて出てきた。しかし、鉱山のできた時期と子どもたちの障害の発生時期はどうもずれていた。

報道的事実としては「因果関係は怪しい」となるのだが、村をあげて私たちの取材に対して「今こんなことが起きている」と見せてくれた。そこには、捨象すると見えなくなる事実がある。たとえば、「その村の人たちが鉱山に不安を抱いている」ことや、「ミャンマーの福祉や医療インフラが立ち後れていること」。初めての長尺の番組で、ディレクターとしての自信は全くなかったが、その場で訴える「彼ら」の価値観を番組に活かそうと思えたのは、文化人類学的のおかげだったと思う。

5　実は繊細　テレビマンの「他者」への配慮

メディアにとって、取材先と同じく大切な「他者」が、伝えた先にいる「他者」、視聴者だ。

メディアは、わかったことを一度せき止めて映像などパッケージにまとめて不特定多数に知らせながら世の中の議論に貢献する。事実を社会全体に知らせる必要があるためシンプルさが求められるが、パッケージの仕方を間違うと、人と人の対立を煽ってしまうこともあるため、センスが求められる。優れたテレビマンたちは、視聴者同士の対立を生まないための繊細な配慮をごく自然にしていて、感服することがある。

二〇一八年一一月に『あさイチ』という朝の情報番組で、「女性の人生と友情」というテーマを担当した。結婚出産などを経ていつのまにか疎遠になってしまった女友達とどう付き合えばいいのかなど、女性の人生につきまとう友情の問題を考えるものだ。私自身、子どもがいないため、子育て中の友達とは生活時間帯や関心がずれ、疎遠になった相手もいる。自分も当事者で解決策がわからないということを正直に同僚や取材先に打ち明けながら、あるいは公式サイトで悩みを募集したりしながら取材していった。その過程で使ったのは「女の友情」というキャッチーなキーワード。すると数百の体験談に加え、「ずっと悩んでいたことで、放送を楽しみにしています」の声もたくさん寄せられ、私はその手応えにしびれた。

しかし放送前の試写で、シルエットは熊みたいに可愛いのに眼光がするどい番組プロデューサーがこう言った。「〝女だから〟って区切るのは古いし教条的なんじゃないの?」と。「そういうことを繰り返すとまた女性を見下げて、と、気づかないところで視聴者に嫌われるよ。本当に〝女だから〟なのかな?」。私はちょっとむっとした。多くの女性が仕事と出産の間で悩み、それが友情にも響くのは多くの体験談から明らかじゃないかと。するとプロデューサーは、「〝女性〟と言葉でくくらなくても本当に友情に悩んでいる人は見てくれるよ」と言う。いま思えば、プロデューサーは、「女性」とひとくくりにされたくない女性心理に配慮していただけでなく、「女性の問題だ、男性の問題だと分けることから社会の分断が生まれる」と言いたかったのではと思う。

『あさイチ』という番組は視聴者のほとんどが女性だが、制作チームは男女半々だ。女性の関心事について当事者目線で取材することが可能な女性スタッフだけでなく、男性スタッフたちの、女性視聴者という「他者」に対する優れた感性が、共感を呼ぶ番組を支えている。この番組には一年いただけだが、日々視聴率や感想といった形で寄せられる視聴者からのフィードバックを、本当に、心から、気にしているからこそ培われる視点に、心を打たれる。

6　メディア×文化人類学　対話のプラットフォームへ

文化人類学とメディアというふたつの分野を比べてみると、文化人類学は、自分がフィールドに入り込むことで、立場や意見の異なる「他者」との関係をどう結び何を問いかけ何を見出していくのかを、実験的にじっくり行える場だ。メディアは、日々の発信を通じて同時代を生きる読者や視聴者という「他者」と向き合っている。

メディアはいま大変革の時代だ。最初に触れたように、ＳＮＳがもたらす人間関係や情報の流れの変化によって、私たちが他者と出会うことが容易にはなった一方、意見の異なる他者の存在を認知したり、対話を続けることには一歩努力が必要だ。しかし今はあくまで過渡期で、これからは再び、異なる価値観や意見を発見することを楽しむ時代が来るのではないかと思う。私が学生のとき、すでに文化人類学は「未開の異文化」を対象に研究するだけの学問から一歩踏み出し、研究者の自文化の中のコミュニティも対象にしはじめていた。おそらくこれからメディアもどんどん殻を破っていく。メディアもいま、ジャーナリストが客観的な目線で報じるだけではなく、自分が当事者として取材をしたり、視聴者同士をつなぐプラットフォームとなろうとするなど、取材相手や視聴者と様々な対話をする場を作りはじめている。これから一〇年後、私はメディアと文化人類学の知恵を掛け合わせて、多くの人が、価値観や意見が違う「他者」との対話を楽しめるような場を作っていたいと思う。私がフィールドの人たちや取材先の人たちに感じさせてもらったように、もっと知りたいもっと学びたい、だからその人にいてほしいと思えれば、相手の存在を否定するような行為にはつながらないと思うからだ。

第V部

関わる

身体性・ケア・コミュニケーション

表現を通して「知る」ということ
障害がある人たちとの演劇制作の現場から　［日本］

宮本　聡

1　表現することと「旅」に出ること

私「なんでKくんは、演劇に参加し続けるの？」
K「僕が演劇に参加し続けるのは、旅をしている感じがするんですよ。実際、全然移動はしてないんだけど」
私「旅してるって感覚？」
K「うーん、なんだろう。ひとつ言えることは、作業所に通う毎日では出会えない人たちと会うからかな。普段では出会わない人と出会えるというか……演劇が終わると、演劇ロスみたいな感じになるんですよ」
私「それはAくんも同じ感じする？」
隣に座るAは、全身を震わせる形でうなずく。

［二〇一八年十二月二十三日　福岡市］

私は、日本社会における障害がある人々による文化的実践の現場にフィールドワークを行なっている。このやりとりは、私が参与する身体に障害がある人々の参加する演劇公演の千秋楽後の打ち上げの中で行われたものである。その現場では、様々な診断名がついた俳優たちが参加している。このフィールドノーツに登場するKは徐々に筋力が低下していく身体を生きている。Aは、筋緊張の強く、言語障害が伴う身体を生きている。彼らは、電動車いすに乗る身体の持ち主であり、「旅」をするという表現は、身体的な感覚、例えば、二本足で歩行する私とは、経験的な次元で異なる意味を帯びていると感じられる。それは、単に作品を制作するという営みだけではなく、作品を制作することを通じて、個々人の日常的な「生」の次元に密接に関わりうる実践であると感じられる。

この「生」を対象にした人類学的な動向として、人類学者の田辺繁治の「生」の人類学の構想がある。田辺は、「生」を生物学的な生命や日常的な生活、人生すべてを包含する実践の総体とし、その課題として、「超越的な概念で説明するのをさけながら、人間の生を出発点として、人間と人間の関係の構築、そこに作用する権力のあり方、それに対する抵抗のあり方、そして何よりも生そのものがいかにして活力と多様性をもって展開することが可能かを探求することである」［田辺二〇一〇：二］と挙げている。「旅」と表現する実践にはいかなる「生」の展開が込められているのだろうか。そして、その現場へと参与をし、「経験的に立ち会いながら思考する」［ibid：一五］ことはいかなることだろうか。

2 障害と創作・表現活動の展開

近年、障害がある人々と創作表現活動の関わり、いわゆるアート活動やその中で生み出された作品を目にする機会が増えてきている。それは、有形・無形の活動に限らず、福祉作業所の中だけではなく、美術館やギャラリー、文化ホール、そして商品の中にといったふうに、その活動の拡がりを垣間見ることができる。

このような活動へは、大きく三つの社会的な領域からの眼差しが見出せる。一つ目としては、美術界からの眼差し、「アールブリュット（「生」の芸術）」「アウトサイダーアート」といった言説の下で、その活動のもつ芸術上の価値が追求されている。二つ目としては、医療的な眼差しであるアートセラピーに代表されるような、その活動のプロセスの持つ医療・心理的な効果に着目するものである。そして、三つ目として、福祉の領域である。近年では、積極的に福祉作業所における日中の「仕事」として受容され始めている。このように眼差しの中で、異なる領域が複雑に絡み合うことによって、現場で繰り広げられる実践が意味づけられていく現状がある。

それと連動するように、近年では、文化行政において関連法の整備がなされている。直近の動向としては、二〇一八年より「障害者による文化芸術活動の推進に関する法律」が公布、施行されている。この法律においては、「文化芸術を創造し、享受することが人々の生まれながらの権利であることに鑑み、国民が障害の有無にかかわらず、文化芸術を鑑賞し、これに参加し、又はこれを創造することができるよう、障害者による文化芸術活動を幅広く促進すること」［文化庁 二〇一八］とし、障害のある人々の文化芸術の実践への「創造」「参加」「鑑賞」という三つの支援を行うことが掲げられている。一方、「障害者による芸術上価値が高い作品等の創造に対する支援を強化すること」［ibid］とされているが、その支援の背景には「専門的な教育に基づかずに人々が本来有する創造性が発揮された文化芸術の作品が高い評価を受けて」［ibid］いるとするアート言説が存在している。ここには、本来的に多義的なものである実践が、一つの特定の言説に回収されてしまいかねない状況も見受けられる。

障害がある人たちと創作表現のつながりが盛んになってくる中で、やはり忘れてはならないこととして、その作品の制作される途上には、個々人の身体や時間、関係性が確実に存在しているということである。そこで、マクロな眼差しから、こぼれ落ちてしまいがちなものを、フィールドワークを通して、いかに捉えることができるのかが問われているだろう。

3　制作の中で知ること

ここで、私が参与するフィールドの概要を紹介する。二〇一五年より参与するフィールドは、福祉ＮＰＯ法人ＫＮの主催する身体障害がある人や高齢者などが参加する演劇制作の現場である。

その実践においては、「身体的なバラエティ」がある演劇であることが掲げられているが、実践をどのように名付けるのかは、いまだに模索中である。

KNの演劇の始まりとしては、「エイブルアートムーブメント（「可能性」の芸術運動）」を提唱し、障害がある人の創作表現を通じた先進的な取り組みを主導する社会福祉法人「たんぽぽの家」（奈良県）の主催した「エイブルアートオンステージ（二〇〇五－二〇〇八）」に参加したことがあげられる。NKの代表Moと演出家Kuが中心になり、演劇経験のない高齢の女性たちによる演劇を企画し公演を行っている。その後、もともとの障害がある人たちとの身体表現や演劇ワークショップを行いながら、演劇公演まで実現させている。このような様々な身体によって制作される演劇の実践において、作品制作とともに興味深い出来事や新たな関係性が生じている。実践を主導するKuは、作品制作に伴い発生する予想外のものを「副産物」と表現する。ある種、この「副産物」は、演劇作品の制作という視点に立つと、こぼれ落ちていくものに捉えられるが、障害とその生を巡る貴重な示唆を含んでいるものであると感じられる。

制作現場の中には、脳性まひ、筋ジストロフィー、ミトコンドリア脳症、複合性難聴、二分脊椎症など診断名のついた人たちが参加している。また、先述した演劇公演に参加した高齢女性たち、NKに所属するケアスタッフ、地元の俳優、ボランティアなども演じ手、裏方として参加し、制作が行われていく。特徴的なことに、このような制作現場における生身の身体同士の出会いは、診断名や社会的属性で区切られた身体としてではない異なる様相を帯びてくる。

例えば、稽古するという文脈においては、「いつも力が入っている身体」、「筋肉をつけてはいけない身体」、「電動車いすで歩く身体」、「セリフが入りづらい身体」といった具合に捉えられているることが窺える。そのような認識は、実際の稽古の中で立ち現れる。例えば、稽古において、舞台上を参加者で移動するというトレーニングが行われる。ある日の初めてワークショップに参加していた女性は、舞台上で参加者たちが「歩く」「走る」という動作の中を行う中で、「歩く」より「走る」方が、スピードが遅くなるという出来事が生じた。彼女は、その場で「頭で走ろうと意識すると混乱してしまって、歩くより遅くなってしまう」と語り、他の参加者は耳を傾ける。この語りは、自己を他者に提示することを目的とした中で生まれてくるのではなく、共に何か一つのものを制作する中で生じている。

一方、演劇作品の制作という文脈において、身体の差異への気づきは、時として稽古を止めてしまい、その制作が思うように進まない。演出家Kｕも、「様々な身体ベースが異なる人たちによる演劇制作は時間がかかる」と語る。しかし、そのような発見はあくまでも作品制作の中で「副産物」ではあるが、それらの積み重ねが、「作品づくりにおいて欠かせないと感じる」と作品自体を豊かなものにしていくことも同時に語る。ここには、差異をはらんだ物理的な身体が、何らかの行為を共にする中で互いに「知り合う」という時間が現れていると感じられる。

4　ケアすること

この実践において、作品制作に関わるケアすることも非常に重要なものとなっている。稽古が本格化してくると、半日の稽古が行われるが、やはりその中で食事や排泄、マッサージ、移動、着替えなど、様々なものが必要となってくる。これらのケアに関わることは、現場の中では、単に「できる／できない」といった能力に還元しうるものではなく、それぞれの身体の外部環境への適応のあり方、つまり関係性のあり方として感じられる。排泄の方法（便座に座って行うのか、マットの上で行うのか）、食事の方法（自分の手で口から食べるのか、他者の手で口から食べるのか、胃瘻を通して食べるのか）、そしてコミュニケーションの方法（音声言語、手話、文字盤など）といった身体の技法の差異を、それぞれの活動の中で見いだすことができる。基本的には、ケアが必要となる時として、それらの身体と環境の「相性」が考えられる。例えば、私の身体は比較的に環境に対し「相性」がよく、KやAの身体は、特定の動きの中で環境との間にコンフリクトが生じがちなのである。その時に環境を変えたり、環境への媒介になる存在としてケアするものが柔軟な形で立ち現れる。

二〇一七年夏、演劇公演で横浜市へのツアーを行った時、突如脳性まひの俳優であるＭｏが、

Aの電動車イスを、「合体」と言いながら背後から掴まり押し始めたことがあった。筋緊張の強いMoは、普段ケアスタッフに右腕を支えられながら歩行する方法がとられている。同行していたケアスタッフは大量の荷物を持ち、その上で移動を介助する状況であり、Aの車イスを後ろから押す形で、歩行を安定させることができるというMoの考えがあった。結果的にMoとAとケアスタッフの関係性がずれることで移動がスムーズに行えたのである。この出来事について、周囲のケアスタッフは、「身体障害者手帳一級を持っているMoが、同じく一級を持っているAの車椅子を押したり、しかもそれがMoにとっても歩き易かったり、もちろん何かあったらいけないから荷物を抱えながら横についていたけど（中略）柔軟に物事を考えなければ」と出来事を振り返る中で語ってくれる。

偶発的なケアの現れ

この出来事は、ケアスタッフにとって、ケアすることとの捉え直しとして考えることができる。つまり「ケアするもの（健常者）／ケアされるもの（障害者）」という図式が偶発的な状況の中でずれ、従来の関係性が組み換わっていることが窺える。これは、移動するという中で、状況の中で相手を知っていくことに関わっている。さらに、ここで重要なことに、この契機には作品の移動、すなわち作品としての出来を追求し観るものを惹きつけることが、ある種の「副産物」を生成することにつながっていることが示唆できる。

5　伸びていくこと

演劇制作を通して、日々の生活に連なる局面も見いだすことができる。冒頭のエピソードにおいて、全身で頷いていたAは、二〇一七年に制作された作品のラストシーンを演じている。そのシーンは、Aが舞台の真ん中からそのまま観客席へ行き、観客の一人に話しかけるというものである。このラストシーンは、作品の解釈という観点からは、演劇という非日常性が、観客席の中に侵入してくるという象徴的な場面であるが、Aにとって切実なコミュニケーションの問題が込められている。

Aは、言語障害と筋緊張の強い身体を生きており、言葉を「明瞭」な形で表出することが困難であるため、普段のコミュニケーションは車イスにかけてある紙でできた文字盤を使用し、一音ずつ指で指しながら、それを相手が声に出して読むという形で行われる。そのため、コミュニケーションの意図の存在を伝え、相手の視線を文字盤へ導くことが、彼にとってのコミュニケーションの始まりであるといえる。実際の公演時も、話しかけられた観客が戸惑いながらも、Aの指す文字を一語ずつ読み上げていくことが繰り広げられた。ある意味で、このシーンを演じることは、行動の再現とともに未来志向のリハーサルとしての側面を持っているだろう。一方、Aは、

コミュニケーションとしての表現

次の作品の稽古の最中、ジェスチャーや表情という側面と声を用いて、出来るだけ文字盤を使わずにコミュニケーションをとることを試みている。彼は、「出来るだけ会話する相手の顔」を見ながらコミュニケーションをしてみたいという感情があるという。Aにとっては、演じることはコミュニケーションであり、その探求の場となっていると感じられる。その探求は、日常的な生活の次元へと連なっていくのである。

6　「知る」ということ

本稿では、私の参与する障害がある人々の演劇のフィールドを紹介し、その中で作品制作の途上で起きる複数の事例を記述した。これらの事例において、示唆できることとして、「知る」ということの一つのあり方が浮かび上がっていると考える。

少し大きなレイヤーに関連させると、近年、「多様性」の尊重やその先に連なる「共生社会」ということが理念として叫ばれている。もちろん、多様な生き方の選択ができること、そのことが受容される社会は求められるべきだろう。しかし、一度考えなければならないこととして、「多様性」という言葉で語られるとき、どの地点から、そして誰が語っているのかということである。

一般的に世間で拡がっていく「多様性」のイメージ、世界は多様であるということは、超越的な視点、言うなれば世界を〝神様〟の立ち位置から一望監視してしまっているのではないだろうか。それも多様性を推し進める主体が、他者を名付け、固定化させることを通じてなされているのではないだろうか。

私のフィールドにおいて「多様」であるということは、一つの作品を制作するという中で生じている。身体の差異が感覚されることであり、その「知る」ことは、表現する中だけではなく、歩くことであり、会話をすることであり、ご飯を食べる、そういった行為を共にする中で生じる動きに存在しているのではないかと考えさせてくれる。人類学者のインゴルドは、「輸送transport」と「徒歩旅行wayfaring」という二つの移動方法が描く線を対比し、二つの知識の伝達について論じている。前者は、知識を実体化し固定的に捉えるあり方であり、後者は「物語を語ること」に代表される語られるものの関係性の文脈によって捉えられていくような、運動としての知識の伝達のあり方である。ここで冒頭のKの言う表現することは「旅」をすることである、という語りに立ち戻りたい。Kの言う「旅」をしているということは、作品制作で生じる運動の中で他者と出会いや関係を築く中で新しい何かが現れてくる、まさに新しいことを知っていくことを表しているのかもしれない。

そして、この「旅」は、始点も終点もなく、常に途上にあるものである。確かに、演劇という枠組においては、稽古や公演といった時間的な区切りが存在している。しかし、Aの表現のように、日常的な生活とは切っても切り離せないという側面を見出すことができる。「徒歩旅行」の描く線は、「成長や発達や自己刷新といった進行中の過程を突き進むに連れて、その先端から伸びていく」［インゴルド 二〇一四：一二四］とされるように、学びを伴いながらそれぞれの「生」の展開へと連なっていくものであろう。そのような意味で、フィールドは、個々の生が絡み合い、そしてどこかへ伸びていく、そのようなダイナミズムを持った場として感覚されるのである。

❖参照文献

浮ヶ谷幸代　二〇一八「生を刻む　みる・きく・たたく・かわす――北海道浦河ひがし町診療所の「音楽の時間」から」『コンタクトゾーン』一〇：一八六―二〇九。
田辺繁治　二〇一〇『生の人類学』岩波書店。
中谷和人　二〇一六「物語る私のドローイング――ある心身障害者の例にみる「線」が切り開く生の新たな可能性について」『文化人類学』八一(3)：四三一―四四。
長津結一郎　二〇一八『舞台の上の障害者――境界から生まれる表現』九州大学出版会。
インゴルド、ティム　二〇一四『ラインズ――線の文化史』工藤晋訳、左右社。
文化庁　二〇一八「障害者による文化芸術活動の推進に関する法律の施行について（通知）」
Ingold,Tim　2011　Being alive: essays on movement, knowledge and description, London Routledge

「老い」とは何か、その問題とは何か

一人暮らし老年者の人類学的調査研究からみえてきたもの

［沖縄］

菅沼文乃

1　老いの問題とは何か

人口高齢化が急速に進む現代日本社会において、老いはしばしば問題として語られる。たとえば、人口構造の高齢化がもたらす労働力の低下や経済活動の縮小、医療や社会保障の制度の持続可能性、あるいは老年者の社会的包摂のありかた、といった問題がある。これらは戦後の新民法制定による家族機能の変化や高度経済成長以降の大規模な人口移動、平均寿命の伸長、少子化、女性の社会進出、それらにともなうライフスタイルの変化などの急激な社会変化によって生じた、社会的に対応されるべき老いの課題（いわゆる老人問題）として認識されている［森一九七八］。

一方で、個人が生きる老いのなかには、そうした議論からは捕捉されない問題がたしかにある。本章では、この、老いにまつわる社会的に対応されるべき問題と、個々人が乗り越えるべきものとしてあらわれる問題とについて、私が沖縄都市部のフィールドワークで出会った一人暮らし老年者のケースを例に考えてみたい。

本論に入る前に、本章における「老人」「高齢者」「老年者」の語の使い分けについて述べておきたい。老いが社会的な問題として注目されるようになった一九七〇年代は、行政上の議論も含め「老人」という語を用いることが多かったが、現在は一般的には「高齢者」「高齢化」という語が用いられる。ただし、これらの語には行政上の意味合いが強く含まれるため、本章では基本的にはより中立な意味合いをもつ語として「老年者」を用いている。

2　沖縄都市部の一人暮らし老年者事情

まず、一人暮らし老年者に関する問題について確認しよう。

老年者の一人暮らしにおいて問題とされるのは、日常生活での手段的な支えや精神的支えが得られにくいこと、経済条件が不安定な世帯が多いこと、またひきこもりや社会的孤立を引き起こしやすいことである［沖縄タイムス「長寿」取材班編 二〇〇四、内閣府 二〇一〇、永田他 一九八一、須田 一九八六、厚生労働省政策総括割付政策評価室 二〇〇二］。日常生活への不安の解消にあたってまず想定されるのは、別居の子による援助であるが、二〇一〇年の「高齢者の生活と意識に対する国際比較調査」によるとこれも低頻度にとどまっている。そのため、行政や民間、NPOなどは、高齢者向けレクリエーションや多世代交流活動の支援、多世代交流の場の創出、老年者の就業支援など、老年者を地域社会に包摂することに重点をおいたしくみづくりをすすめている。

続いて、本章で取り上げる沖縄の一人暮らし老年者に視点を移そう。

沖縄の老年者といえば、明朗活発で元気な、家族や周囲の人々に愛される「おじい」「おばあ」というイメージを思い浮かべるという人も多いかもしれない。このイメージは二〇〇〇年前後にヒットした映画やテレビドラマをきっかけに一般に広まったものである一方、沖縄社会を対象とする人類学や民族学の研究でとり上げられる祖先祭祀の理念的場面や、女性が主導する祭祀実践のなかにも、家族のなか、地域のなかで活躍する老年者の姿をみることができる［宮良 一九七三、渡邊 一九八五］。

このことから、老年者は昔ながらの社会でも家族や親族、地域の中に位置づけられ、見いだされてきたことがうかがえる。

対して、高齢化の進行は沖縄でも顕著であり、一人暮らし老年者の世帯数も都市部・地方ともに増加傾向にある［沖縄県 二〇一八］。社会的孤立についても、二〇〇八年に沖縄本島中部に位置する沖縄市が単身世帯の老年者に対して行なったアンケートでは「外出が一週間に一回程度」が単身世帯全体の二三％であり、二〇〇六年調査時の一五％から大幅に増加しており［沖縄市 二〇〇八］、都市部・地方ともに家族の訪問だけでなく、近隣や友人との交流もほとんどない世帯も多い［沖縄タイムス 二〇〇四］。沖縄においても、一人暮らし老年者が抱える社会ネットワークの欠如傾向は政策上・学術上の課題であり、また現実的な問題でもあるといえるだろう。

現代都市部でも旧盆には親族が集まり仏壇の祖先を祀る

3　老いの問題　Yさんの場合

それでは、沖縄の一人暮らし老年者は、具体的にどのような老いの問題に直面しているのだろうか。本島北部出身の七〇代後半の男性、Yさんのケースを紹介しよう。

Yさんは、二〇年ほど前に那覇市内に移り、以降アパートを転々としている。現在の住居であるアパートには二〇一一年に入居した。三〇代前半で結婚し、那覇市の隣市に住居を構えたが、夫婦間の性格の不一致により、離婚はしていないものの長年別居生活を送っている。妻子には現在の住居も知らせていないという。二五歳から六〇歳までバス会社に勤め、退職後は数年間タクシー運転手として勤務した。現在も年金を受給しており、経済状況は裕福ではないものの困窮はしていない。釣りを趣味とし、しばしば友人と出身集落近くの海岸まで遠出をする。このとき、Yさんが所有する軽自動車で出かけ、車中泊をして翌日帰宅するのが慣例であったという。釣果は自分でさばき、調理する。釣り以外にも小魚を調理しスクガラス（アイゴの稚魚の塩辛）を作ったり、テビチ（豚足）を煮たり、唐辛子を加工したりするなど、普段の食事のための調理以外も積極的に行う。酒好きであり、自家製のスクガラスや煮物をつまみとして来客に勧めることもある。

しかしながら二〇一〇年以降、体調を崩して以降、病院への通院およびたびたびの入院を余儀なくされている。病院へは自発的に通い、納得するまで治療の説明を聞くなど、自立した様子がみられる。一方で体調不良にあっても年金以外の高齢者向けサービスを利用することは特になく、とくに「（デイサービスなどのレクリエーション型サービスは）行くようなところではない」と語り、参加型サービスを利用することはない。また軽自動車は処分し「（釣りに行けなくても）近所を回るには十分だから」と原動機付自転車を購入した。

また二〇一一年から居住するアパートでは、大家や同じアパートに住む老年者、近隣の一人暮らし老年者宅に電球の変更や家電の配線、雨水用排水パイプの修繕、アパート建具の取り換え、内外壁の塗装等、簡単ではあるものの「男手」が望まれる作業について手伝いにいくことが増えたという。依頼相手はYさんのアパートの大家や、近隣に居住する一人暮らし老年者、病気の家族を抱える老年者などで、「同じアパートに住む一人暮らし老年女性が生活保護を受給する手続きの手伝い」という、近所づきあいを超えるほどの「手伝い」をすることもあるという。このお返しとして、Yさんは食材の差し入れや、上述の入院にあたっての援助をうけている。

以上をふまえて、Yさんがかかえる老いの問題とは何か、整理してみよう。Yさんは一人暮らしであることから生活上の不便を支援することが期待されるような同居者や子・孫をもたず、自治体や地域が提供する社会参加の機会を活用する様子もない。しかしYさんは近隣の老年者と接する機会を積極的にもっているため、老いがかかえる社会的問題の文脈で危惧される、ネットワークの欠如および孤立といった問題には直面していない。

Yさん宅で筆者にふるまわれた自家製のテビチ煮

このYさんの近隣との交流を支えているのは、身体的自立からくる「(彼らに比べて)自分はまだ元気である」という自負と、より弱い・困窮した人々を助けようとする感情である。一方で、自身の体調の悪化にあたっては、自動車を処分したり、近隣の人々の支援を受けるという対応がみられるようになるが、それでも高齢者向けサービスを利用としないのは、「老人」「高齢者」に付随する「社会問題の当事者」「社会的に援助される対象」というイメージを受け入れがたいためであるとみることができる。

そしてこの、自分の老いに対するYさんのふるまいは、「一人暮らし老年者に関する問題」という枠組みからとらえ、対応することはできない、個別の老いの状況のなかで生じる不便やとまどいといった、Yさん個人の問題に対するYさん個人の対処である。まとめるなら、Yさんがかえる老いの問題とは、老いのさなかにありながら一人暮らしを続けていくなかで直面する、さらにいえば一人暮らしであることで強調される、老いのままならなさであるといえるだろう。

4 「老いの問題」の研究における人類学の可能性

老いは現在、たしかに問題として立ちはだかっている。それは社会的に対応されるべき社会的な問題としてのみではない。Yさんをはじめとする一人暮らし老年者の生活状況を調査するなかで発見した、日々の暮らしのなかにある不安、不便、とまどいといった生きづらさもまた、老いの問題としてひろい上げることができる。それにいかに対処するかも含む、老いの問題をめぐるさまざまな営みは、それぞれが生きる老いの多様さを意味しているといえるだろう。そう考えると、老いの問題、ひいては老い自体を考えるうえで、今、まさに生きている人々の姿をとらえようとする人類学の研究視点は一定の役割をはたすことができるだろう。

❖参照文献

沖縄県　二〇一八「沖縄県高齢者保健福祉計画（第七期）」。
沖縄市　二〇〇八「生活と健康状況に関するアンケート調査結果」。
沖縄タイムス「長寿」取材班（編）　二〇〇四『沖縄が長寿でなくなる日―〈食〉、〈健康〉、〈生き方〉を見つめなおす―』岩波書店。
黒岩亮子　二〇〇一「生きがい政策の展開過程」『生きがいの社会学―高齢社会における幸福とは何か―』、高橋勇悦・和田修一（編）：二一五―二四一、弘文堂。

厚生労働省政策総括割付政策評価室　二〇〇一「家族と地域の支え合いに関する調査」。
須田木綿子　一九八六「大都市地域における男子ひとりぐらし老人のSocial Networkに関する研究」『社会老年学』二四：三六―五一。
内閣府（編）二〇一一『平成二三年度版高齢社会白書』内閣府。
永田久雄・原慶子・萩原悦雄・井上勝也　一九八一「老人の孤独に関する心理学的研究」『老年社会科学』三：一一一―一二四。
宮良高弘　一九六二「八重山群島におけるいわゆる秘密結社について」『民族學研究』二七（一）：一三―一八。
森　幹郎　一九七八『老人問題とは何か』ミネルヴァ書房。
渡部欣雄　一九八五『沖縄の社会組織と世界観』新泉社。

普遍的な納得のあり方を求めて

［バヌアツ共和国］
大津留香織

私は祖母が好きだ。この原稿を書いている時分にも彼女はまだ存命である。耳は遠くなってきたものの、いつも背筋をしゃんとしていて、はきはきと物を言い、おそらく愚痴を言うのが嫌いなのだろう、何にでもあっけらかんと振る舞うさっぱりとした人だ。

祖母は昭和初期の生まれで、二・二六事件の朝は雪が降っていたことを覚えているという。戦前生まれの九州の女性、と一括りにすることにはためらいがあるが、さっぱりと明るい考え方をする一方で、祖父に対してはどのような理不尽な要求にもたいてい応えるのには、見ていて不憫に思ったり、不思議に思ったりすることがしばしばある。

それに応じてか、ときおり嫁としての苦労や家族の悩みについてほろりと感情をこぼすことがあり（というより、それ以外のトピックで祖母から弱みを聞いたことがない）、自由な身である私はそれを聞くにつけ、祖母にとって家族というものが、どれほど大きな存在であるのかと、彼女の生きた長い年月に思いをはせるのである。

1 悲しい出来事

祖母の人生において、もっとも悲しい事件のひとつは、彼女の第二子が他国で突然亡くなったことであっただろうと思う。それはつまり私の叔父、私の父の弟の死であった（親類名称は私を中心として記述する）。二〇一〇年代の三月に、アメリカの役所から死亡通知が届き、ついで叔父の現地の知り合いから電話で叔父の死亡を知らされた。その日から一ヶ月ほど、私の家族は大混乱に陥った。このことを書くのは家族からは歓迎されないだろうが、これは私の研究に大きく影響した出来事であったので許してほしい。叔父の死がもたらされた直後から、父がアメリカで叔父の葬儀をあげて帰国した日までを、大混乱の時期と呼ぼう。

当時、私たちにはわからないことだらけであった。まず、なぜ叔父は死んだのか。警察のいう死因は本当か。電話をかけてきた知り合いとは何者か。叔父が入っていた新興宗教はどのような団体か。私は学校から帰ってくるたびに、家族と共に手に入れた新しい情報を吟味し、それまでの情報を整理し直す作業に取り組んでいた。今冷静に考えれば、そんなに慌てることもなかった。そしてその時点で、ほとんどすべての材料は出揃っていた。当時を振り返ると無理のないこととはいえ、まさに私たちは混乱しており、何度も同じ情報を確かめることを必要としたのである。

アメリカへ電話したりしたものの、私が叔父を直接見たのは、実際には人生で三度ほどしかない。けれど私たちは確かに楽しい時間を過ごした。浜田省吾のようなスタイルで、ギターを鳴らして歌ってくれた叔父に、もう会えないなんておかしいと思った。死んでいるなんて想像ができない。なぜ叔父にまったく連絡しなかったのか、私は心の底から反省した。だって家族なのに。数えるほどしか思い出のなかった私でさえ思い詰めたのである。叔父を生んで育てた祖母は、どれほど苦しんだだろうか。

この時期、家族のなかでも多様な葛藤が生じたのだが、このとき祖父や私の父、そして私を含む家族というものが、祖母の悲しみの支えにはほとんどならなかったのではないかと私は思う。きっと祖母にとっては、自分の実家にいる妹や弟のほうがよほど話せる相手だったのだろう、よく連絡を取り合っていたようである。一方で父や母は、そのように祖母が祖母の実家と連絡を取り合っていることを気にしていた。祖父ほどではないが、祖母の実家の親類もまた簡単な人々ではないのである。大混乱の当時、私は祖母とふたりきりになったことがなかった。常に父か祖父がいたのだが、祖母が直接的に弱気なことを言う場面はほとんどなかった。

叔父が死んでしまったことを、祖父と祖母は誰にも言わないようにと口止めした。叔父の唯一の大親友にも言わないつもりであった（しかし私は絶対に言うべきであると父に対して主張し、彼を家族葬に呼ぶことができた。あのときの主張は、私ができた数少ない貢献であったと思う）。年賀状も、叔父の死を伏せ、老年であるからという理由で、以降は遠慮するというハガキを出した。対外的に気丈に振る舞う祖母に対して、嫁である私の母は（いや、私自身が言った言葉だっただろうか、もう忘れてしまった）「昔の女性やけ、家族の恥を見せないことは、大事なんかねぇ」と言った。祖母は私たちの前でさえ、すべての時間を通して決して泣かなかった。私にはそれが不憫に思え、同時にさびしくもあった。

2　祖母の語り

前述したように、私の祖父と父、そしておそらく私も、祖母の心の支えにほとんどならなかっただろう。こんなエピソードを覚えている。祖母は叔父の死の数ヶ月前に、腰の怪我で入院しており、大混乱のときには退院したばかりであった。祖母は天井近くの棚から物を下ろそうとして、ひっくり返って腰から落ちてしまい、大混乱のときには腰にコルセットを巻いていた。

さて、叔父に関する状況報告のためだったと思う。リビングで祖母と父とで話をしていると、前後の文脈は忘れてしまったが、祖母がこう言い出した。

「私、棚の上の物を取ろうとしたら、あの子（叔父）が上から、わーっと、覆いかぶさってきたんよ、それで……」

それは、いつも「考えると夜眠れんのよー」と大変なこともあっけらかんと報告する祖母からは想像できない、切羽詰まった様子であった。「魂が来た」とも言っていた。祖母は別段宗教心が強い方ではないが、叔父が死んだ瞬間に、魂が日本の祖母のところにやってきて、それで祖母はベッドから落ちたと言ったのだ。それに対して父は「なん言いよるんか！　あいつが死んだのは先月やろうが！」と言い放った。

「いや、それはないやろ」と私は父に呆れてしまって、しかしとっさに何も言うことができなかった。祖父や父が、家族に対して気を使わず、さらに言葉が乱暴であるのはいつものことである。確かに、入院中に祖母は電話で叔父と話をしているので、祖母の話は理屈に合わない。だがそれにしたって、そこで祖母を叱り飛ばす必要はない。「もっとも傷ついているのは、叔父を一番可愛がっていた祖母」という共通認識があったなかで、父の言葉はあんまりであった。気休めを言えとは思わないが、「それは「事実」と違う！」と突きつける以上に大切なことが、この場面にはあったのではないか。

もしかしたら父としても祖母が急にそんなことを言い出すので、動揺したのかもしれない。祖母は、「ああ、そうね……」と声は平気そうだったが、うつむいてしまい、また別の話題に移っていった。

また、こんなことがあった。私が学校のことか何かを報告しに行ったとき、祖母が「あんた、幸せね？」とおもむろに尋ねてきた。私は「うーん、幸せでもないけど、幸運だと思っとる」と応えた。「ああ、そうね」と祖母は気のない返事を返した。

また、それからさらに時間を経て、あるとき祖母が急に「あの子（叔父）があのとき死んで良かったよ、生きとったら、あんたたちにも迷惑がかかっとったやろ、あんたたちのためでもあった」と言い出した。あまりの突然の言葉に私は驚いたし、そんなふうに言って欲しくなかったので戸惑った。それではまるで、叔父が死んだことがいいことのようだし、私たち孫のため、あるいは孫のせいで叔父が死んだような物言いである。

祖母はときにこのような発言をすると、こちらの反応を待つでもなく、さっさと奥に引っ込んだり、出かけてしまうのであった。祖母は、私たちがどのように反応するのか試しているわけではないのだ(祖父などは対照的に、反応を見るための嫌味や冗談をよく言う)。祖母から突然こぼれるように出てくる、さりげない叔父の死についての言及から、私は「祖母は気持ちを整理しているのだ」と思った。祖母はいま答えの出ない旅に出ていて、そして何かの答えを見つけようとして、いろいろな物語の断片を得ては組み立てている。

人文学者の千野は、人が物語を状況に応じて書き換えることによって、そのときそのときの真実を模索すると指摘する[千野 二〇一七]。彼の出す例では、ある犯罪加害者の語る犯行動機の説明が、心理学的材料を手に入れることによって、最初と最後とでは大きく異なる物語へと変貌した。もちろんそれが、唯一の真実というわけでもない。そしてこれは犯罪に限ったことではない。祖母もまた、このような人生をかけた納得できる物語を探しているのだ。

「なぜ、自分の息子がこのように死ななければならなかったのか?」

魂の存在、幸せとは何か、そして死ぬことで得をする人々はだれか。それを明らかにする手伝いをしているのは、祖母の実家の人々だったのだろう。ましてやコンフリクトの研究者など用無しである。このことを私はさびしく思うが、この距離を無理に縮めようとする必要もないのだと思う。私のさびしさに、祖母を付き合わせることはない。必要なのは、祖母が主体的に作る、祖母のための物語だった。

3　フィールド調査のうしろめたさ

異文化かどうかにかかわらず、コンフリクト研究で困難な点を挙げるとすれば、ひとつは人間が、自分自身に関わるコンフリクトを、いつでも誰にでも話せるわけではないということであろう。もうひとつは、そのような対象者の心情を察してしまい、調査者が尋ねることを躊躇することである。

このことは、法に関する研究のうち、整えられた情報である公訴事実や判例を参照する研究と、一次資料を収集する研究とは大きく異なるということを意味する。特に慣習法や伝統的司法の研究では、判例のように情報がまとめられたり、保存されたりしているのは稀であり、オーラル・ヒストリー（口承記録）を集めなければならない。

私は近代司法制度の影響が少ない地域で、人々がどのように葛藤解決をしているのか調べるため、南太平洋に位置するバヌアツ共和国、さらにその南に位置するエロマンガ島で調査をしている。そういう場合、たいてい島の子どものひとりとしてホスト・ファミリーに受け入れてもらう。

異文化に暮らしていた私は、火を起こしたり川で洗濯をしたり、彼らにとっては当たり前の生活自体が容易ではなかったが、調査対象と同じ生活をするということは、調査のうえで必要なことである。

最終的に筆者が収集を目指したのは、コンフリクトに関する人々の語りであったが、簡単にはいかなかった。滞在中には、暴行、傷害、盗み、殺人などに当たる情報の断片を耳にすることは比較的容易にできるが、その詳細を共同体の人々から直接聞かなければならない。ここには「お仕事ご苦労様です」といって資料をくれる法記録の管理人などはいないのだ。代わりにあるのは、人格を持ち社会の網の目にしっかりと組み込まれた人々の、その場その場での語りである。

マリノウスキーはトロブリアンド諸島での調査において、島民たちが現象（実際どうしたか）と一般道徳（どうすべきか）と、さらに自分ならどうするか（個別の判断）を、区別せずに語ることを指摘しており［マリノウスキー 一九八四］、エロマンガ島でも同様であった。言語能力の障害は、言葉の意味について丁寧に時間をかけて紐解いていけばよいのだが、タイミング、同席する人々、具体的な記憶によって、語りは左右される。言いにくいことについて、エロマンガ島の人々は聞き手や当事者を傷つけないようにはぐらかしたり、隠したりもする。全然関係のないところで、からかうために別のことを言い出したりもする。そして、私の尋ね方、その場の雰囲気などでも、語りは変容しているはずだ。

さらにいえば、殺人や喧嘩といった不和を中心とするこのような話題は、（よく考えてみずとも気づくことであるが）真に信頼でき、仲のよい相手に対してさえ、必ずしもつまびらかにするようなことではないのだ。話しづらく聞きづらい、そのような話題を、根掘り葉掘り尋ねなければならないのはかなり難しかった。結果的に、事件の中心的でない周りの人々から収集し、あるていど事実関係を押さえたうえで、確認のために当事者と目される人々に話を聞く、ということになる。

4　無粋な科学者の反省と決意

同時に、共同体の中でこのようなことをむやみに知りたがるような人間は、通常嫌われることになることは想像に難くない。参与観察の肝は、調査者が権威ある調査者としてではなく、共同体の中で対等、あるいは下っ端として存在することにもある。参与観察者は時間をかけて「お客さん」から「家族」や「友人」といった、その土地の文脈に埋め込まれた存在になろうと努力する。ところが家族や友人になってからも、言いづらいことを聞く、ということが容易になるわけではなく、むしろ関係性の網目にとらわれていない「お客さん」の方が、もめごとについて聞きやすいということもありうる。

紛争当事者に直接インタビューすることの気後れについては、法学研究者のハワード・ゼアも語っている。彼は、強盗傷害について刑務所にいた加害者に話を聞きに行けはしても、その被害者には連絡さえ取らなかったことについて述べており、どんな手を使ってでも話を聞くべきだったかもしれない、と後悔を述べる［ゼア 二〇〇三］。彼が連絡を取らなかった（取れなかった）のは手段の問題のみではなく、精神的な気後れを含んでいるはずだ。

ゼアが連絡を取れなかったと明かしているのは、強盗の被害者女性であった。少年が金銭欲しさに女性を後ろから羽交い締めにしてナイフで脅したが、クライム・ドラマの手際のようにはいかず、慌てた少年は後ろから、ナイフで被害者を何度も突き刺した。これによって女性は失明している。この被害者女性に対し、事件について連絡することさえはばかられるのは当然である。事件当時の辛い記憶を蒸し返す危険はもちろんのこと、内面的な話題を被害者に直接向けることについて、抵抗感がない方がおかしい。そして被害者には答える義務はないし、調査者には答えさせる権威も強制力もない（調査倫理的に、あるべきではない）。

もちろん、被害者が事件のことを話したい場合もあるし、心を乱さないのと放置するのとでは異なる。必ず誰かが、彼や彼女に寄り添い、話を聞いているだろう。ただ、話せる相手として、見ず知らずの調査者が選ばれることが稀というだけである。時間をかけたフィールド調査を経てラポールを形成し、気心の知れた仲になっているとしても、まったく簡単ではない。

私は科学的な調査と人間関係上の機微とにうまく折り合いをつけることについて、エロマンガ島で常に悩み続けた。このことはおそらく世界中にいる多くの調査者にも当てはまることであろうし、人間についてのデータを取る上で必然的につきまとう悩みだろうが、正直にいって紛争について調べることがとても嫌になった。自分のコミュニケーション能力の無さにも愕然としっぱなしだった。コンフリクトを尋ねることには、「わかった」と思うことはあっても「お互いによかったね」と思えることはほとんどなく、コソコソ話を聞いて回ることで不審がられることに、自分で自分を苛んだりもした。伝統アートやパンダナスバスケット、新年のお祭り、おばあちゃんの恋愛話など、他の人が居合わせても平気で、話す相手も楽しいような話題を集めるほうが、幸せに思えた（実際にはそれらもまた、異なる苦労を伴うはずであるが）。

法人類学者のサイモン・ロバーツは、現地通訳が調査内容についてあるとき理解を示してくれたことについて喜びを表明している［ロバーツ 一九八二］。きっとこの現地通訳は「このホワイトマンはこんな聞きにくいことを根掘り葉掘り聞きやがって、なんて無粋なやつだ」と思ったにちがいないし、嫌なことを聞いて回るけしからんやつだと思われている、ということをロバーツさんもわかっていて、その胃をキリキリと痛めたにちがいない……と私は想像している。その心配が、社会科学的な価値の共有によって、多少なりとも軽くなったのであろう。一方、私は無粋なことを聞いてまわることで相手を不快にしたり、調査者が嫌われる心配に加えて、こうも思う。「私が無粋に尋ねまわることで、彼らの納得や満足に、余計な影響を与えてしまうのではないだろうか」

私が祖母の物語に、無理に介入しないよう努めたように。

5 「物語実践」という提案

ただしこのような心配をする一方で、「そんなに深刻にならなくとも大丈夫なのだ」とある種の楽観もある。というのも、小さなエロマンガ島のコミュニティの中で多少なりとも過ごしてわかったことだが、調査対象の内面世界で自分がそんなにも大きな位置を占めていると思うのは良くも悪くも間違いで、その人が何十年と過ごしてきたコミュニティの社会的ネットワークの網目の中でのインパクトに比べれば、私との会話などすぐにどうでもよいことになってしまう。もし私が大きな失敗をし、質問によって相手を傷つけ、さらにはそれが他の誰かとの関係性に影響を与えてしまったとしても、たいていはそのような物語は彼らが生きる無数の物語に容易に吸収されてしまう。不快な振る舞いをするのは、異文化からやってきた調査者のみというわけでもない。この場合、調査者が「相手を傷つけるかも」と心配することは、対象となる共同体の力を見くびっているということにもなる。

私のこの心配は、「自分自身が相手の迷惑にならないように」心がけていることからくるのだろうと思う。もちろん「迷惑にならないこと」は他人にとっても自分にとっても大切だ。しかしもしそれを生きる上で第一目標にするとどうなるかというと、もっとも安易に達成できる手段として「相手に関わらない」ことが採用されがちになる。しかしそれでは、きっとだれも幸せになれない。「フィールドワークは人生そのもの」とは学部の頃から聞いてきた言葉だ。調査が終わって、迷惑だろうから二度と会わない、は論外である。迷惑をかけたとして、大事なのはその後で、お金を配ることでも、一時的な慰めを提案することでもない。長い時間をかけて、真実や正しさをともに模索し、実現しようと試み続け、物語の書き換えに参加し続けることである。社会調査者として、そしてコミュニティの一員としての私の責任は、相手の人生と関わり続け、それによって、よりよい未来を共に切り開くということで果たさなければならない。

子供達を見ながら，直接的な関係性の中で，物語を紡ぎ続けることの意味を考える

このことは葛藤解決でも同様である。求められているのは甘言によるいっときの慰みや、その場限りのパッチワーク・ジャスティスではない。共同体のメンバーたちは、取り返しのつかない自分たちの損害を、長期的なつながりの中で回復させようと努めてきたのだろう。こうした調査現場での悩みは、葛藤解決における「物語実践」というアイデアに繋がった［大津留 二〇一八］。人間は完璧な結論や説明を希求するし、それが判例記録や証拠主義を導いたのだろう。けれども、実際には永久に変わらない完全無欠の真実（物語）など存在しない。何をするべきかや何が真実かは、人によって異なるし、そしてときどきで変わりゆくのである。さらには人々はいくつもの物語に身を浸し、互いが互いの物語を読み合いながら、自分の物語をも書き換え続け、正しさのかたちを模索し

続けていく。

実践にはいろいろなやり方がある。私が、祖母がひっそりと作っている物語を知らないふりして、祖母がよい物語を作れるよう、一緒にいることにつとめたように。

6 祖母の物語は続く

話は前後するが、父と祖母の弟とが確認のために渡米し、帰国して報告まで終わり、大混乱が治まりつつあったころ、姉が結婚を報告した。姉としては、暗く悲しい時間が長く続いた中で、少しでも明るい話題で喜ばせたいと思ってのことだったが、報告を聞いた祖母からは「いいねえ、あんたたちばっかり幸せで」と言われ、ショックを受けていた。

その嫌味から五年後、最近のことである。

「人生で一番うれしかったのはね、潤ちゃん（姉の第一子）が生まれたときなんよ、こう、いろんな苦労がね、ああこういう風になるんだって。一本筋が通るというか、このために生きてきたんやねって。響ちゃんや亮ちゃん（第二子と第三子）も、千春ちゃん（私の弟の第一子）も、もちろん可愛いんやけどね、潤ちゃんは一番最初やったから……」

これを聞いた時の、私の母は複雑な気持ちだったそうである。どうやら、ひ孫が生まれると孫が生まれたときのことは忘れてしまうらしい。それはともかく、そう言ったときの祖母の顔色と機嫌が、以前より良かったことだけはわかった。

もちろん、息子である叔父の死は、きっと祖母の中で取り消しようのない悲劇として残っている。ただ、祖母の物語の旅は、その場で停止したり終わったりせず、いろんなことが起こり続ける。これ自体は、忘却でもなく諦めでもない。

……いや「ひ孫のうれしさ」を語ったこと自体は、本当に本心か？　悲しみを抱えながらも生き続けなければならない、祖母の悲しい強さが要請したものではなかったか。私たちが無理をさせていないか？　私が祖母の物語だと思っている内容は、実際には祖母の物語そのものではなく、私の解釈にすぎない。私はどのくらい祖母をわかることができているのだろうか。何もわかっていないかもしれない。とにかく幸せであってほしい。

フィールドで何かがわかったと思うたびに、祖母のことを思い出すのである。

❖参照文献

大津留香織　二〇一八「重奏する「物語」実践による関係修復の可能性：バヌアツ共和国エロマンガ島の事例を中心としたRJに関する人類学研究」学位請求論文。
千野帽子　二〇一七『人はなぜ物語を求めるのか』筑摩書房。
マリノウスキー、B　一九八四『未開社会における慣習と犯罪　付文化論』青山道夫（訳）、新泉社。
ゼア、ハワード　二〇〇三『修復的司法とは何か――応報から関係修復へ』西村春男・細井洋子・高橋則夫（監訳）、新泉社。

ロバーツ、サイモン　一九八二『秩序と紛争――人類学的考察』千葉正士（監訳）、西田書店。

異質なものを引き受ける身体

［日本・中国］
小西賢吾

1　そぎ落とさないこと

人類学の営みから得られるものは、学術的な知見にとどまらない。それはフィールドワークという実践が、それに従事する者の身体や感情と切り離せない経験になっていることに起因する。フィールドワークの中で、人類学者の身体は時間をかけて変容する［佐藤・比嘉・梶丸編 二〇一五］。こうした個人的経験に依存する側面は、学問としての人類学の立ち位置をめぐる議論にさらされてきた反面、「人間とはなにか」について、既存の思考の枠組みにとらわれないラディカルな議論を可能にしてきた側面をもっている。

人類学者が、フィールドで得られたものをアウトリーチの形で専門家以外に語るとき、それはしばしば倫理的な色彩を帯びる。「あたりまえを疑う」「視野を広げる」「他者への共感の大切さ」「多様性に寛容になる」といった言い回しは、話者の実体験が基盤になることによって説得力を増す。筆者も大学教育に従事する中で、手を変え品を変えこうしたメッセージを学生に発してきた。また、人類学的な思考や実践になじみのない「大人」にこの学問を説明する際の定石としても大変有用だと感じている。

ただ、この耳ざわりのいいメッセージと、自らの身体と感情に刻み込まれた生々しい経験には、少し飛躍があるようにも思える。これをどのように表現すればいいのだろうか。百聞は一見にしかず、つべこべいわずにフィールドに行ってこい、と言うのは簡単である（実際筆者も学生時代にあまたの先達からこう言われた）し、下手なレトリックを弄したところで現場の記憶からは遠ざかってしまうだろう。

筆者は、祭りをはじめとする広い意味での集団的宗教実践に関心を持ち、その現場に参与してきた。フィールドから帰り、ノートを整理してゼミで発表する際にはいつも、現場で感じた興奮と無機質なレジュメの間の乖離に悩んでいた。そして、その乖離を少しでも埋めようと論文に向き合っていたように思える。ポスドクの頃、有志で開催していた勉強会のテーマは「フィールドで得たものをそぎ落とさない」ことであった。うまくことばにならない感覚に、耳をすます。それをなんとか近似させるためにことばを探す。データ自体に溺れることを戒めながら、受け手とのチャンネルを見いだそうとする。

本稿は、こうしたプロセスを通じて筆者に生じた変容を追いながら、人類学的実践の意義を、先述したメッセージよりもう少し精緻に描こうとする試みである。

2　祭りの身体

九月一〇日、秋田県内陸部の城下町、角館。草むらから聞こえるコオロギや鈴虫の声が秋の訪れを感じさせる。前日までの三日間の祭りを終えた人びとには、この虫の声が山車を先導するホイッスルの音に聞こえてしまうのだ。こう書いただけでは、何のことかわからない読者がほとんどだと思う。だが、実際にこの祭りに参加した経験があれば即座にその通り、と了解できるだろう。古典的な祭り研究では、祭りの構造や機能、参加者のアイデンティティに関わる知見が蓄積されてきた［森田 一九九〇など］。その一方で、祭りに関わる人びとの間でより広く共有されているのは、祭りへの解釈、釈義というよりも、祭りを通じて身体や感情が揺さぶられる経験である。それは、その土地にルーツを持たない者にとっても共感のチャンネルとして作用する。

関西の私鉄沿線の住宅地に育った筆者にとって、幼少時の祭りへの印象は薄いものであった。京都で大学生になり、祇園祭の山鉾巡行を見たことで、初めて祭りに触れた気がした。「あんな大きなものが、人の力で動くのか」。鉾が方向転換する「辻回し」では、綱の曳き手、屋根の上の大工方、車輪と巡行方向に気を配る車方、囃子を奏する囃子方など、様々な役割を担う人びとの協働によって、歯車がぴたりとかみ合うようになめらかに鉾が動く。見ているだけでは物足りなくなり、その後の学生時代は毎年アルバイトの曳き手として参加した。曳き手は、先導役の「エンヤラヤー」のかけ声にあわせて綱を引く。その瞬間、人びとと綱、その先にある鉾は一体となり、ヘビのようになめらかな動きをする。その一端に連なっていると、まるで自分の力で鉾が動いているかのように錯覚する。不可思議だが、とても爽快な経験であった。

このように、祭りのような大きな感情のうねりが発生する場においては「集合的身体」とでもいうべきものが出現する。個人と個人の境界が曖昧になり、陶酔感や逆に厳粛な感覚を味わったりする。同じようなことは音楽のライブや、スポーツの応援などでも体験できるだろう。儀礼の場におけるこうした状態は「集合的沸騰」として古くから知られる［デュルケム 一九七五（一九一二）］が、そのベースとしての身体は軽視できない。この集合的身体に溶け込むことができるかどうかが、その場に「のれる」のかどうかを左右する。祭りの参与観察とは、つまるところ「のることによって知る」ということなのだ。

本節の冒頭で紹介したエピソードは、修士論文のためのフィールドワークを行った秋田県角館の祭りでの経験である。毎年九月七日から九日に行われる祭りには、一八台の山車《ヤマ》が出る。ヤマは隊列を組まず、ばらばらに町内を巡行する。ヤマ同士が鉢合わせした際に通行権をめぐって行われる交渉は祭りのハイライトであり、交渉が決裂するとヤマブッツケと呼ばれる激突に発展することもある。この祭りの詳細については拙稿［小西 二〇〇七］に譲り、ここでは筆者が祭りに参与する中で生じた感覚の変容に焦点をあててみたい。

二〇〇二年九月、観光客として初めてこの祭りを見た時に感じたのは、楽しさではなく居心地の悪さであった。深夜、祭りのクライマックスであるヤマブッツケの現場では、二台のヤマが押し合いを続けている。ヤマの先端部に立つ先導役のホイッスルにあわせ、若者たちは「オイサ、オイサ」「オイサノヤー」のかけ声とともに、繰り返し綱を引く。ヤマブッツケには明確な勝敗があるわけではなく、数時間に及ぶことも珍しくない。いつ果てることもない熱狂に、筆者はついていけず途中で宿に戻ってしまった。その場の一体感を支配するリズムと自分の身体のチューニングがまったく合わなかった、と言えるかもしれない。これはフィールドワーカーとしては完全に失格なのだが、実のところ完全に現象の外側にいた時点で（人類学的な）フィールドワークをしていなかったとも言えるし、見方を変えるとこの祭りが徹頭徹尾外部としての観光客に「見せる」ための実践ではないことを示唆しているとも考えられる。

その後、現地への住み込みを開始し、あるヤマを出す町内の一若者として下働きから祭りへの参与観察を開始した。人びとは、口をそろえて「まずはお祭りを経験すれば、いろいろなことがわかってくる」と言う。それは果たしてその通りであった。「オイサノヤー」というかけ声は、祭りの通奏低音である。それは、祭り当日にとどまらず、日常に浸みだしていく。ムジンコ（月例の寄り合い）で酒が進むと、誰ともなく楽器を手に取り、囃子の演奏がはじまる。飾山囃子と総称されるこの囃子は、ヤマの巡行時に奏され、様々なレパートリーの特性を知ることで、曲目だけでヤマがおかれた状況が理解できるようになる。囃子は、専門の囃子方でなくても演奏できる者が多い。その背景の一つは高校の部活動として採用されていることであるが、何よりもみな囃子が

角館の祭りにおける交渉の場面

好きなのである。若者たちは囃子に合いの手をいれ、そのうちに「オイサ、オイサ」「オイサノヤー」の大合唱がはじまる。

囃子とホイッスル、かけ声の繰り返しの中で感じる爽快感や一体感、その後の疲労を通じて祭りのリズムにならされた身体は、他の参加者たちと共鳴し、祭りの場を形成する集合的身体の一部分になっていく。すなわち、祭りにうまく「のれる」ようになってくる。ヤマは、曳き手の身体と一続きになったように巡行する。綱を引くだけではなく、方向転換の時には大勢がヤマの前方に入り、「肩を入れて」少し持ち上げる。背中にかかるヤマの重みや、木材を通じて伝わる囃子の音、太鼓の響きなどが、その感覚を高める。そうすると、小声で早口の秋田弁で交わされる交渉のことばも不思議と聞きとれるようになり、その背後の文脈も少しずつ理解できるようになってくる。祭りに参加している自分の写真を見て、（他の人びとと同じように）鬼気迫る表情をしていることに気づいて苦笑したこともある。こうした変容を経ることで、筆者は初めて祭りが「わかる」感覚を得たのである。

それは、専門家として人類学の論文を書く段階の手前にあるナイーブな感覚であるが、自らの身体に根ざしている点でもっとも確かな感覚であった。もちろん、祭りに長年携わっている人びとに比べれば、筆者は何も「わかっていない」に等しい。しかし、どこで祭りが盛り上がるのか、なにがそんなに人びとを熱狂させるのか、について了解できるチャンネルは開いたのである。フィールドワークとは、言語化された知識や語りのみならず、こうした非言語的な要素をフィールドワーカー自身の身体に刻印し蓄積していく営みである。

3　接ぎ木される身体

人間は、生まれて以来様々な関係に組み込まれ、そこに応じたコミュニケーションの方法や思考の道筋、それにまつわることばや身体の使い方などを獲得していく。フィールドワークは、意図的に「異」なるものの中に身を置くことでそうした過程を可視化し、思考をドライブさせる営みでもある。本書のタイトル「マルチグラフト」が示唆するとおり、あたかも接ぎ木されていくように、身体に新たなモードが加わっていく。この変容は不可逆的なもので、子どもの頃の自分を思い起こすとずいぶん遠くまで来てしまったことに気づかされる。

角館でのフィールドワークを経て、チベットのボン教徒のもとに通うようになって一五年近くが過ぎた。ボン(ポン)教とは、チベットへの仏教伝来以前からの流れをくむ思想や儀礼、身体技法などの総体であり、一一世紀以降、チベット仏教との相互関係の中で体系化され現代に至っている。二〇世紀中盤、中華人民共和国によるチベット支配に伴って多数のチベット人が国外へ脱出した。長きにわたり、仏教に比してマイノリティであったボン教徒は、自らの歴史と土着性を資源として、インドやネパールを拠点に、欧米や中国都市部でも活動を拡大し、存在感を高めている。筆者が長期間の住み込み調査を行ってきたシャルコク地方（中国四川省松潘県）出身のボン教徒は世界中に拡散して活動しており、彼らの動きを追うことがここ数年の筆者の研究テーマの一つになっている。

ボン教徒に関する詳しい民族誌的記述や、このフィールドワークの経緯は他稿に譲るとして［小西 二〇一五；二〇一七；二〇一九］、ここではもっとも素朴な宗教的実践と身体のつながりを考えてみたい。それは、マントラを唱える、という行為である。マントラ（真言）は、特定の文字列からなり、繰り返し唱えることで様々な効果を生むとされる宗教的フレーズである。一般に、その言語的な意味よりも音声そのものに力があるとみなされる。チベットの代表的なマントラは、仏教徒が唱える「オマニペメフム」であるが、ボン教徒たちは「オマティムイェサレドゥ」と唱える。

フィールドワークを開始して気づいたのは、人びとが日常生活のあらゆる場面で、このマントラを唱えていることであった。礼拝の時だけではなく、台所仕事や、車の運転のあいまに、口をもごもごさせて小さな声で唱えている。ある修行体系においては、マントラを十万回唱えることが必須とされているが、そうした数値的な次元を超えて、日常を形作るリズムの一つとしてマントラは機能していた。

筆者は僧院に住み込み、若い僧侶たちと生活をともにしていたが、出家したわけではないため、

儀礼に参列するボン教僧侶

かれらとの間に超えられない壁のようなものを感じていた。せめてできることとして、かれらと同じように経文やマントラを唱えようとしたことがある。ある儀礼で、数千回にわたって「オマティムイェサレドゥ」を唱えている途中、マントラのリズムと自分の呼吸のリズムが一致していることにふと気づき、息をしているのか唱えているのかがわからなくなった。多くの人びとが文字通り息を合わせて行う儀礼の場には、やはり集合的身体が出現する。それは、日本の祭りとは異なった形ではあるが、身体は呼吸を通じて確実に新たなモードに移行していく。こうした営みが、もともと縁もゆかりもなかった他者としてのボン教徒の生に「のる」ための糸口になったのである。

「オイサノヤー」と「オマティムイェサレドゥ」は、まったく異質なものにみえるかもしれないが、筆者の身体を媒介として矛盾なく共存している。こうした状況は、日常に対するフィールドワーク、自文化に対する異文化、という二項対立の図式でクリアに切り取れるものではない。人類学的実践がもたらすのは、より多様なモードを抱えながら日々を生きるように（もちろん状況によって表出する部分は異なるだろう）身体がアップデートされていく過程なのである。それは、この先も新たなフィールドと出会うことで続いていくだろう。

4　根っこの問題

本稿では、フィールドワークを通じて筆者自身に生じた変容を、かけ声やマントラといったもっとも素朴な実践から追跡してみた。このようにみると、何か人類学には特殊な効果があるような印象を与えるかもしれないが、フィールドで起こっていることはあくまでも目の前に登場する相手との絶え間ないコミュニケーションである。

調査される側の人びともまた、異質なものとの出会いを経験し、様々な変容をしていく。日本人といえば戦争ドラマの登場人物のイメージしかなかったシャルコクのボン教僧が、会うとおどけて「こんにちは！」とお辞儀してくれるようになる。相手にも新たなチャンネルが開かれたことがうかがえる。ひとときの調査にとどまらず、長期間にわたるつきあいが続くほどに、この相互の変容は持続し複雑化していく。これも人類学的なフィールドワークの特徴であろう。ただし、これは人類学者以外の日常生活でも起こっていることを増幅して見せているに過ぎないことに留意しよう。複雑化し流動化する現代社会の中では、誰もがたくさんの異質なものを引き受けながら生きざるを得ないのである。

様々なものが接ぎ木され、いささか重くなった身体。そこに確かな幹や、根っこは必要なのだろうか。この問いにイエスというのはある意味簡単である。筆者自身、生活の基盤を初めて関西から移し、金沢で勤務するようになってから、食生活や会話のリズム、笑いのつぼといった点で自らが「関西人」であることを強く意識することがあり、驚くことが多い。ルーツは、文字通りの根っことして確かな説得力を持っていることを感じる場面である。

しかしその一方で、自らに不変で固定された根っことしてのアイデンティティがあると認識する視点や、それを他者に対しても適用してしまうことは、偏狭な本質主義やステレオタイプの濫用につながる危険性もはらんでいる。接ぎ木された自分を、根無し草とくさすのではなく、異形のキメラととらえるのでもなく、それ自身として認めること。自在に変化することと、偶然の出会いの連鎖を楽しむこと。そうすると、接がれた枝も軽く感じる。それがもしかしたら人類学の実践と、現代社会の暮らしをつなぐ結節点なのかもしれない。

❖参照文献

小西賢吾　二〇〇七「興奮を生み出し制御する——秋田県角館、曳山行事の存続のメカニズム」『文化人類学』七二（三）：三〇三—三二五頁。

二〇一五『四川チベットの宗教と地域社会——宗教復興後を生きぬくボン教徒の人類学的研究』風響社。

二〇一七「チベット族とボン教のフィールドワーク——縁をたぐり寄せ、できることをすること」『フィールドワーク　中国という現場、人類学という実践』西澤治彦・河合洋尚（編）、一三七—一五三頁、風響社。

二〇一九「宗教復興とグローバル化を経た「辺境」のいま——四川省松潘県のボン教徒をめぐるネット

ワークの変容」『中国21』四九：一一一―一三一頁。

佐藤知久・比嘉夏子・梶丸岳（編）二〇一五『世界の手触り――フィールド哲学入門』ナカニシヤ出版。

デュルケム、エミル　一九七五（一九一二）『宗教生活の原初形態（上・下）』古野清人（訳）、岩波書店。

森田三郎　一九九〇『祭りの文化人類学』世界思想社。

「共に在る」感覚の再構成

チベット系民族の対面とモバイルメディアにおける関わり

［インド・日本］

中屋敷千尋

インド・ヒマラヤの高山に住むスピティの人びとと関わる中で、不思議に思っていたことがある。筆者と親しい人たちは、スピティの日常生活ではうんざりするほどに一緒にいること、同じ空間に身を置くことを求めてくるのに対し、筆者が日本に帰るとほとんどといっていいほど連絡をしてこないのである。筆者がSNS上でメッセージを送っても大方返事が返ってこない。かと思っていると、筆者が携帯をみているときにSNS上の通話機能を用いて連絡をしてくる。その時にはしばらく雑談する。対面とネット上での関わり方ないし態度は、なぜこのように対照的なのだろうか。これらをどのように理解できるだろうか。このエッセイでは、こうした対面とモバイルメディア上での関わる態度の関連について考えてみたい。

インターネットが普及し、多様なメディアが利用される現代において、人びとのつながりのあり方や内実はますます変化している。これは筆者の調査対象地であるインド・ヒマラヤの高山も例外ではない。インドのスピティ渓谷においては、密接な対面関係が保持されると同時に、電話やSNSといったモバイルメディア上でのやりとりも頻繁になされ、どちらも日常を構成する上で重要な位置を占めている。対面とモバイルメディア上の双方における人びとの関係は、共通する部分もあるが、異なる部分も多い。また相互に影響を与えてもいる。それでは、具体的に、スピティの人びとの対面関係とモバイルメディアを通した関係の異同と影響はいかなるものだろうか。上記の問いに取り組むことを通して、現代社会に生きる私たちの人との関わりやその変化に対してどのような示唆が得られるかを考えたい。

筆者が対象とするのはインド北部・ヒマーチャル・プラデーシュ州スピティ&ラホール郡スピティ県C町である。標高約三六五〇メートルに位置し、スピティ川沿いに約一五九キロに渡って村が点在している。スピティ全体の人口は一万二四五七人、対象とするC町は人口一六九四人、二八六世帯である［Census of India 2011］。農業、雑貨店やレストラン、タクシードライバー、観光業などの自営業のほか、政府雇用の職等に就く人も多い。住民はチベット仏教徒が大半を占め、チベット語の西部方言が用いられる。チベット仏教徒は中国のチベット自治区以外にも青海省や甘粛省、モンゴル、インド、ネパール、その他のアジア地域や欧米地域など様々な地域に住んでいるが、インドには先住のチベット系民族のほか、チベット難民も多く暮らしている。スピティ渓谷のチベット仏教徒のほとんどは先住のチベット系民族である。

1　対面的な関わり

まずスピティにおける対面的な関係として親族と隣人関係をとりあげたい。チベット系社会の親族研究では、これまで父系出自または世帯が重視され、親族を構成する主要な原理としてみなされてきた。しかし、スピティでは、それらが関係しつつも、系譜や居住形態だけでは説明できない、日々の関わりから構成されるニリンと呼ばれる親族が住民によって重視されていた。ニリンは血縁や姻戚関係をたどる者の中でも特に頻繁に関わり、親密とみなされる者が含まれる親族であり、時に他人も含まれることがある。具体的には、日常生活あるいは諸儀礼における物や労働力の交換のみならず、頻繁な互いの家の訪問、共食、お茶やおしゃべり、暇な時間を共に過ごすといった、とるに足らない些細な行為の積み重ねの上に成立するような関係であり、そこから義務が生まれることもある［中屋敷　二〇一九a］。

他方、隣人や友人関係においても、同様に日々の関わりが重視されている。相互扶助関係が築かれているだけでなく、毎日のように顔を合わせ、挨拶をし、暇な時間をともに過ごす。親しい隣人であれば、親族ニリンよりも頻繁に関わり、密な関係を築く場合もある。

例えば、ある単身世帯の女性（当時四七歳）は、二〇一四年当時、筆者が滞在していた家の母親ラモ（当時五五歳）宅の近隣に住んでおり、ニリンよりもはるかに高い頻度でラモを訪れ、冬の

隣人とおしゃべりしながら絨毯を織る様子

間には毎日のように寝泊まりしていた。この他、隣人や友人は時に大金の貸与といったニリンが断るような手助けを行うこともある。それゆえ、友人や隣人は時に家族（カンビ・ジマック）やニリンとして言及されることもある［中屋敷 二〇一七］。親族と友人、隣人の関係は明確に区別されるものではなく、連続しており、場面や文脈に応じてその都度出現するようなものだといえる。なお、どちらの場合も些細なことや政治的要因により関係が絶たれることもある。

上記どちらの関係にも共通する重要な点として、継続的な身体の共在があげられる。ニリンであれ、隣人であれ、親密な関係の「ウチ」に含められる者とは、できる限り共に時間を過ごそうとする。たとえ同じ家屋の中にいるとしても同じ部屋にいるよう促し、筆者が一人で自分の部屋にいると大声で状態を確かめようとしたり、外から窓を叩き開けて中を覗き込んできたりしていた。夜にはトイレにも同行する。

さらに、一緒にいない時間ができた際には、後に、誰とどこで何を話していたのか、どのような感情の変化を経験したのかなど、離れていた間の行為と会話内容、感情等が事細かく聞かれる。それはまるで、身体を共在させていないとつながりが断たれてしまいかねないがゆえに、離れていた間の空白を埋め、つながりを保持しようとしているかのようにみえる。すなわち、「今、ここで」対面することが関係構築にあたって重視されるのである。詳述は割愛するが、関わる際の周囲の環境や空間の意味づけ、文脈、そこでの細かなふるまいも関係構築に影響することを述べておく［中屋敷 二〇一九a、二〇一九b］。

2 SNS上での関わり

こうした特徴を持つスピティの人びとであるが、次に、それらがモバイルメディア上での関係といかに共通し、または異なっているのか、相互にどのような影響を与え合っているのかを検討したい。

スピティの人びとの大半は、日本でガラパゴスケータイと呼ばれるフィーチャーフォンや携帯機器用OSを備えたスマートフォンなどの携帯端末をもっている。前者の利用の場合、利用目的は主に通話である。一〇~四〇代の人の多くは後者のスマートフォンを有し、通話の他、インターネットへ接続し、様々なウェブやSNS機能を利用している。ただし、ネットワークのインフラ整備が不十分であるため、筆者が滞在していた二〇〇九年から二〇一五年の間は、ウェブの検索機能を使ったり、SNSで写真を送信したり表示したりすることは困難もしくは丸一日かかるような状況だった。そのため、主に文字テクストの送受信目的でSNSが利用され、特に容量が軽く送信しやすいとされるWhatsAppが最も利用され、次いでMessenger、短い音声を送信する際にはWeChatが利用されていた。また、上記のSNSの通話機能を用いた会話がなされることもある。なお、利用状況の詳細については未確認である。

SNS上では個人メッセージのやりとりや通話がなされるが、そこでのコンタクトの取り方ないしタイミングに特徴があるように思われる。スピティの友人や知り合いとSNS上で連絡をとる場合、こちらの都合のいい時にメッセージを送っても返信がないことが大半である。どうしたことかと思っていると、相手と自身の双方がオンライン状態の時にメッセージがきたり、SNSの通話機能を利用した電話がかかってきたりする。

例えば、二〇一八年の間に筆者から滞在先の家の娘ソナム（当時三六歳）にメッセージを送った九回中、返信がなかったのが六回、通話をかけてきたのが三回（内一回は返信もあり）である。電話のあった三回とも筆者がオンラインの時だった。また、ソナムは筆者の夫がオンラインの時に夫とSNS上で通話し、「チヒロに連絡するよう伝えて」と伝言を託したこともあった（二〇一九年一月二〇日）。その翌日、ソナムがオフラインの時にメッセージを送ったが返事はなかった。その後、両者ともにオンラインのときに連絡をとり話した。

他にも、スピティで筆者と親しい間柄だった二〇代後半の女性とやりとりする際には、基本的に筆者がオンラインの時に彼女からメッセージが届く。その際にはしばらくやりとりが続く。相手がオフラインの時にメッセージを送ると、返信がないか、何日も経ってから急にポツンと返ってくる。

はじめこそ不思議なSNSでの連絡のとり方だと思っていたが、そのうち、相手が、双方ともにオンライン状態のときにのみ連絡をとろうとするということに気づいた。やりとりにおいて双方がオンライン状態であること、つまりすぐにやりとりできる即時性を重視するSNSの利用法は、少なくとも筆者がこれまで経験してきたものとは異なる。なお、これは日本でいわゆる「即リプ」［鈴木 二〇一三］と呼ばれる、すぐに返信することが求められる連絡様式とは性質が異なると思われる。スピティではオフライン時にすぐに返信をすることは求められないからである。スピティの人びととSNS上で接していると、あたかも相手がオンラインのときに通話ないしメッセージを送らないとやりとりしたことにはならない、あるいはメッセージを送受したことにすらならないかのように感じられる。

上述したように、スピティにおいて対面的に「一緒にいる」または「親密である」ことは徹底した身体の共在を意味するが、この対面での独自の関わり方を考慮すると、SNS上の関わる態度は、対面上のそれと地続きであるようにみえる。すなわち、両者がオンラインの時にやりとりすることでSNS上でも「一緒にいる」感覚を維持しようとしているのではないだろうか。言い換えると、ローカルな場所性は切り離されているが、双方ともに同時に各自の携帯端末に向かい、同じSNSを見ている際にやりとりを行うことがサイバー空間で「一緒にいる」ことになると考えられる。このように考えると、スピティの人びととのSNS上での個人的なやりとりは、「共に在る」感覚を伴うという点で、対面関係と性質は異なるものの部分的に連続しているといえる。この点については、尾添も、「「一緒にいる感覚」がわれわれの想定、つまり空間を同時に共有しているという観点の他にもありうる」〔尾添 二〇一八：一二三―一二四〕ことを指摘している。しかし、対面関係での感覚が常にモバイルメディア上の関係において引き継がれ、再構成されるとは限らない。

3 匿名のイタズラ電話

匿名性が担保された状態でのモバイルメディアを介したやりとりは、対面でのそれとは異なる部分がある。なお、上述した通り、スピティではウェブ検索や写真の送受信が困難であることから、不特定多数の人とゲームや掲示板等でやりとりをすることは困難である。スピティで匿名性が保たれるモバイルメディアを介したやりとりとは、例えば知らない番号からの電話やメッセージがあげられ、一方の匿名性のみが担保されるやりとりである。こうした場合に嫌がらせないしイタズラを行う人がいる。例えば以下のような具合である。

二〇一一年一〇月下旬、筆者が調査を終え帰国するためにスピティからデリーに向かう道中、昼食のために立ち寄ったレストランでの食事中に、同じ車で移動していた知り合いの四〇歳前後の男性（旅行代理店を経営）に電話がかかってきた。彼はなぜかスピーカー機能をオンにして電話をとった。すると、電話先から、「糞食らえ！（キャッパ・ソ：直訳すると糞便を食べろの意）」と叫ぶ若い女性の声が聞こえてきた。筆者は自分の耳を疑った。そんなことを言うはずがないが、確かにそう聞こえたと思い混乱していると、その男性は急に、「糞食らえ！ 糞食らえ！ 糞食らえ！」と三度大きな声で叫んで電話を切った。何事かと驚いて聞くと、「この女、いつも糞食らえって言ってくるんだ」とうんざりした様子で答えた。

彼によれば、二年前の二〇〇九年からしばしば嫌がらせの電話が若い女性からかかってきており、特に忙しい夏の時期には多く、夜中の二時や明け方五時にかかってくる。時には、「なぜ夜中なのに窓辺のキャンドルに火を灯しているのか」などと彼の行動を観察して伝えられたり、夜中に何度も電話がかかってきたりし、不眠症に陥ったこともある。辛くなり泣きながら止めるよう懇願したり、牛糞などを実際に食べるから持ってきてくれと伝え、指定された場所に行ったりもしたが、結局は無駄だったようだ。なぜ夜に携帯の電源を切らないのか聞くと、海外から重要な仕事の電話が入ることもあるためだという答えが返ってきた。

また、二〇一五年二月一九日、近隣住民の女性六名ほどである女性宅で宴会をしていた際、当時四七歳の女性に見知らぬ番号から電話がかかってきた。声の主は中年男性のようだった。電話の内容は、「あなたは誰ですか」、「今何してるんですか」というもので、イタズラの類である。電話を受けた女性は、これみよがしに、「あなたは水相手に話してるの？」、「あんたは糞みたいなもんだね」などといって相手をからかい返して笑っていた。スピーカー機能を通して話していたため、その場にいたみなもその会話を聞いて笑っていた。

逆に、嫌がらせを行う当人を目の当たりにしたこともある。二〇一四年五月二四日、滞在先の家の娘ソナムに一緒に寝ようと言われ同じベッドで横になって話していた際、ソナムは近隣地域のキノール在住の二〇代男性に電話をかけ話し始めたが、途中から急に「糞食らえ」などといって相手をからかって大笑いし始めた。暴言を吐かれた男性は怒った口調で「はん？」と言い、そのようなことを言う理由を尋ねた。彼女は電話を切られても何度も、少なくとも一〇回以上同じ男性に夜中一時頃まで電話をかけ続け、相手が止めるよう説得する言葉にも耳を傾けず、何十回と「糞食らえ」と叫び、怒らせて楽しんでいた。なお、ソナムはその男性と面識はない。筆者はその執拗な嫌がらせを不思議に思い、なぜそのようなことをするのか彼女に尋ねると、「いらつかせてやりたい。楽しい。ただの暇つぶし（time pass：スピティないしインドの一部では暇つぶしの意）よ」と話した。

上記の三つの事例は一方の匿名性が保たれているからこそ可能となる他者とのやりとりであり、このような行為を対面的な会話の場面で目にしたり耳にしたりしたことは一度もない。また、対面的にからかったり、SNS上で友人がアップロードした投稿のコメント欄に冗談めいた内容を書き込むこともあるが、互いのことを特定できる状態で相手との関係が断たれてしまうほどに執拗に嫌がらせを行うことはない。そのため、モバイルメディアが普及し始めてから出現してきた行為だと考えられる。筆者が観察できた限りでは、その多くは暇つぶしとして消費されていたため、その一環としてイタズラ電話という行為が生まれてきたように思われる。実際に、ソナムはからかいすぎたことで関係が悪化した相手とはやりとりを中止し、他の誰か（他地域の男性）を次の暇つぶしの対象としてすぐに探しだしていた。なお、他人の番号は女友達の間で共有される。そして、それが顔見知りの相手に対しても行われるようになったのだと考えられる。ここからは、モバイルメディア上の暇つぶしとしてのイタズラ行為が対面関係のある者に対しても実践されるという、モバイルメディアから対面の関係への影響がみてとれる。

4 「一緒にいる」感覚の変化

以上で対面とモバイルメディア上での関係の異同と相互影響についてみてきた。上述のように、スピティの人びとは対面での徹底した身体の共在の論理をサイバー空間に持ち込み、独自の形で「一緒にいる」感覚ないし「共在感覚」［木村 二〇〇三］を再構成し、関わろうとしているといえる。すなわち、対面的に身体を介さない状態ではあるが、共に携帯に向かい、同じSNSをみていることが、彼らにとってサイバー空間上で「同じ空間にいる」ことを意味するのである。対面の関係で彼らが筆者に同じ空間にいるよう促し、そこで一緒に時間を過ごしおしゃべりをするように、SNS上でも彼らは、私が彼らと「同じ時」を過ごし、彼らにすぐに語りかけられる状態のときに話しかけてきていたのである。

両者が地理的に離れた場所にいる場合、身体を介して対面的につながることは困難となる。また、インターネット環境が十分とはいえないスピティの状況において、四六時中連絡を取り合うことも難しい。これらも背景として関連しつつ、SNS上で独自の「つながる感覚」が再構成されてきたのではないだろうか。

他方、一方の匿名性が担保されるやりとりにおいては、モバイルメディア上であるからこそ可能となるイタズラ電話という行為が生まれていた。そして、それがおそらく対面で関わったことがあるであろう相手にも行われており、ここにはモバイルメディア上から対面的な関係への影響がみてとれる。

現代の日本においては、都市化に伴い対面的な人間関係が希薄化し、またインターネットの普及により人びとの関係がめまぐるしく変化しているといわれる。そこでは新たな出会いや、共通の趣味または目的をもつ者同士のコミュニティの形成といったポジティヴな関係から、コミュニティの閉鎖性や「ソーシャル疲れ」［鈴木 二〇一三］、ネット上でのイジメによる自殺などネガティヴなものまで様々に指摘されている。ウェブ空間は現実空間と区別できず、双方に影響し合い、時にリアルとバーチャルの優先順位が混乱することで葛藤や対立が生まれていることも指摘されている［鈴木 二〇一三：一一–一三；二〇〇七］。そこでは、スピティの事例のように、対面的な関係の延長ないし再構成と捉えられる部分もあるだろうし、新たな空間で独自の論理が立ち現れてきた部分もあるだろう。このように「一緒にいる感覚」の内実の変遷と、モバイルメディア上でのその再構成、あるいは独自のあり方の生成、そしてそれらの相互影響に注目することで、ますます「脱文脈化」が進む現代において「共に在る」ということが何を指すのかをその都度考えていく必要があるだろう。

❖参照文献

尾添侑太　二〇一八「後期近代における「共同性」を再考する：「共生」／「共在」の比較を手がかりに」『関西学院大学社会学部紀要』一二八：一一五－一三〇頁。
木村大治　二〇〇三『共在感覚――アフリカの二つの社会における言語的相互行為から』京都大学学術出版会。
鈴木謙介　二〇〇七『ウェブ社会の思想――〈遍在する私〉をどう生きるか』NHK出版。
二〇一三『ウェブ社会のゆくえ――〈多孔化〉した現実のなかで』NHK出版。
中屋敷千尋　二〇一七「隣人関係における親密さと不安定さ――インド・スピティ渓谷におけるチベット系民族の事例から」『コンタクト・ゾーン＝Contact Zone』〇〇九：二一－三三頁。
二〇一九a『つながりを生きる――北インド・チベット系社会における家族・親族・隣人の民族誌』風響社。
二〇一九b「つながるとはどういうことか？」、神本秀爾・岡本圭史編『ラウンド・アバウト――フィールドワークという交差点』集広舎、一六三－一七三頁。
Census of India 2011　http://censusindia.gov.in/（最終閲覧日：二〇一九年七月二五日）

あとがき

本書は、二〇一九年一月に刊行された『ラウンド・アバウト――フィールドワークという交差点』の続編である。同書の版元である集広舎のホームページには、様々なコラムが掲載されている。このサイトに、若い研究者達が交代でエッセイを連載できるようにしてみたい。そのように考えたのが、事の発端であった。この案を集広舎社主の川端幸夫氏にお話ししたのが、二〇一七年の春か、あるいは初夏のことであったと思う。川端氏のご快諾を得て、神本秀爾氏に執筆と、寄稿者選定についての協力を依頼した。この計画が後に『ラウンド・アバウト』になった。同書の刊行から間もなく、思いがけず本書の企画が浮上した。二〇一九年四月頃のことである。執筆者の選定と原稿依頼を行ったのはその後であるから、執筆者各位には大変なご迷惑をおかけした。

『ラウンド・アバウト』は、フィールドワークをテーマにした、一般読者向けのエッセイ集であった。今回は、より自由に各執筆者が各篇の主題を設けている。四〇〇字詰め原稿用紙で一五枚程度の短いエッセイを並べるという前著の形式は、本書と共通する。しかし、この形式に与えた意図は、二冊の本の間でやや異なる。『ラウンド・アバウト』を編集した頃から、この形式の可能性を、もう少し試してみたいと思っていた。本書の出版企画が立ち上がったのはその後である。

二冊目を出す算段がついた時に私が考えたのは、寝転んで読めるようなエッセイ集の中で、専門家の期待に応えるような議論を盛り込むと共に、論文からは抜け落ちるような論点をも扱うということであった。事情の許す執筆者には二編の寄稿を呼びかけたのは、一五枚のエッセイという形式の中で十分に議論を深めるための配慮である。また、注釈を不可とした上で、知識の提供や啓蒙とは異なる文体の追求を提案した。研究者と一般読者の両方に向けて書く方法の追求には、この制約が有効であると判断した。こうした構想を提示した一方で、前回と同様に、可能な限り自由な執筆を寄稿者の諸氏に呼び掛けた。時間の限られる中で厄介な依頼に応じて下さった、執筆者各位に深謝する。

編集に際しては、前回同様花乱社の別府大悟氏のお世話になった。また、エッセイ集の刊行について二度目の機会を与えて下さった、川端氏に感謝する。本書の刊行に対して、令和元年度久留米大学文学部教育研究振興基金の助成を受けた。これもまた前著と同じ経緯である。ここに謝意を表する。

二〇一九年七月一〇日

岡本圭史

❖ 執筆者一覧（執筆順／*は編者）

現在（経歴）／主著

安井大輔（やすい・だいすけ）
明治学院大学社会学部准教授
2019『フードスタディーズ・ガイドブック』ナカニシヤ出版

山本達也（やまもと・たつや）
静岡大学人文社会科学部准教授
2013『舞台の上の難民——チベット難民芸能集団の民族誌』法藏館

田本はる菜（たもと・はるな）
北海道大学アイヌ・先住民研究センター博士研究員
2019「原住民文化産業の地域的展開：族群を超えた協働に注目して」『台湾原住民研究』23号

神本秀爾*（かみもと・しゅうじ）
久留米大学文学部准教授
2017『レゲエという実践——ラスタファーライの文化人類学』京都大学学術出版会

髙村美也子（たかむら・みやこ）
南山大学人類学研究所研究員
2014『スワヒリ農村ボンデイ社会におけるココヤシ文化』アフロ・ユーラシア内陸乾燥地文明研究叢書11，名古屋大学大学院文学研究科比較人文学研究室

藤井真一（ふじい・しんいち）
日本学術振興会特別研究員 PD（国立民族学博物館）
2018「ソロモン諸島における真実委員会と在来の紛争処理——紛争経験の証言聴取をめぐるグローバル／ローカルの緊張関係」『文化人類学』82(4)：509−525

河野正治（かわの・まさはる）
日本学術振興会特別研究員 PD（京都大学）
2019『権威と礼節——現代ミクロネシアにおける位階称号と身分階層秩序の民族誌』風響社

清水貴夫（しみず・たかお）
総合地球環境学研究所研究員・京都精華大学アフリカ・アジア現代文化研究センター　研究コーディネーター
2019『ブルキナファソを喰う——アフリカ人類学者の西アフリカ「食」のガイド・ブック』あいり出版

吉田早悠里（よしだ・さゆり）
南山大学国際教養学部准教授
2014『誰が差別をつくるのか——エチオピアに生きるカファとマンジョの関係誌』春風社

中尾世治（なかお・せいじ）
総合地球環境学研究所・特任助教
2018『オート・ヴォルタ植民地におけるカトリック宣教団とイスラーム改革主義運動――植民地行政と宗教集団の教育をめぐる闘争』上智大学イスラーム研究センター

河西瑛里子（かわにし・えりこ）
国際ファッション専門職大学講師
2015『グラストンベリーの女神たち――イギリスのオルタナティヴ・スピリチュアリティの民族誌』法藏館

山内熱人（やまうち・あつと）
同志社大学ラテンアメリカ研究センター嘱託研究員
2014「コンパドラスゴの規範の構築：メキシコ，オアハカ州の先住民村落のフィエスタの事例より」『生活学論叢』24：3－14

岡本圭史*（おかもと・けいし）
中京大学心理学研究科博士研究員
近刊『せめぎ合う霊力――ケニア，ドゥルマ社会におけるキリスト教と妖術の民族誌』風響社

溝口大助（みぞぐち・だいすけ）
日本学術振興会ナイロビ研究連絡センター所長
2017『夢と未来をめぐる経験――マリ共和国南部セヌフォ社会における夢と他者』砂漠化をめぐる風と人と土フィールドノート 8，総合地球環境学研究所

山野香織（やまの・かおり）
2006年から2013年まで京都大学大学院で文化人類学を学ぶ。その後，製パンの仕事に携わり，現在はオーナーシェフとして，Bakery & Cafe BOMBORINO を経営

髙田彩子（たかだ・あやこ）
1999年から2006年まで京都大学と大学院で文化人類学を学ぶ。2006年にNHK 入局。札幌放送局→東京。「おはよう日本」「国際報道」「ニュースウオッチ 9」「クローズアップ現代＋」「あさイチ」などを担当。新しいテクノロジーや表現を取材し取り入れながら，多様化・デジタル化する社会の中でのメディアと視聴者の新たな関係作りに取り組んでいる

宮本　聡（みやもと・さとし）
九州大学人間環境研究院教育学部門助教
2017「障害がある人々の織りなす身体表現に関する一考察」『飛梅論集』17：17－34

菅沼文乃（すがぬま・あやの）
南山大学人類学研究所
2017『〈老い〉の営みの人類学――沖縄都市部の老年者たち』森話社

大津留香織（おおつる・かおり）
北九州市立大学大学院社会システム研究科研究員
2018『重奏する「物語」実践による関係修復の可能性——バヌアツ共和国エロマンガ島を中心とするRJに関する人類学研究』北九州市立大学社会システム研究科

小西賢吾（こにし・けんご）
金沢星稜大学教養教育部准教授
2015『四川チベットの宗教と地域社会——宗教復興後を生きぬくボン教徒の人類学的研究』風響社

中屋敷千尋（なかやしき・ちひろ）
日本学術振興会特別研究員PD（滋賀県立大学）
2019『つながりを生きる——北インド・チベット系社会における家族・親族・隣人の民族誌』風響社

マルチグラフト
人類学的感性《じんるいがくてきかんせい》を移植《いしょく》する

2020年 2 月20日　第 1 刷発行

編　者　神本秀爾・岡本圭史

発行者　川端幸夫

発　行　集広舎
〒812-0035 福岡市博多区中呉服町 5 番23号
電話 092（271）3767　FAX 092（272）2946

制　作　図書出版花乱社

印刷・製本　モリモト印刷株式会社

ISBN978-4-904213-87-2